HISTOIRE

ANCIENNE

DE

ROLLIN.

—

8.

LAGNY. — Imprimerie D'A. LE BOYER et Cie.

HISTOIRE

ANCIENNE

DE

ROLLIN.

NOUVELLE ÉDITION,

ENRICHIE D'UNE NOTICE SUR ROLLIN.

TOME HUITIÈME.

PARIS,

CHEZ PHILIPPE, LIBRAIRE,

RUE FURSTEMBERG, Nº 8.

—

1835.

HISTOIRE ANCIENNE

DES ÉGYPTIENS,

DES CARTHAGINOIS, DES ASSYRIENS, DES BABYLONIENS,

DES MÈDES ET DES PERSES.

DES MACÉDONIENS ET DES GRECS.

Suite de l'histoire de Xerxès jointe à celle des Grecs.

Le jour même de l'action des Thermopyles, la formidable armée des Carthaginois, composée de trois cent mille hommes, avait été entièrement défaite par Gélon, tyran de Syracuse. Hérodote place ce combat au jour que se donna celui de Salamine. J'en ai marqué les circonstances dans l'histoire des Carthaginois.

Après la bataille de Salamine, les Grecs étant revenus de la poursuite des Perses, Thémistocle parcourut les îles qui avaient suivi leur parti, pour y faire des exactions et pour en tirer de l'argent. Il commença par celle d'Andros, et demanda une somme considérable à ses habitans, leur ayant dit : « Je viens à vous accompagné de « deux puissantes divinités, la persuasion

I.

« et la force. Ils répondirent : « Nous avons
« aussi de notre côté deux-autres divinités,
« qui ne sont pas moins puissantes que les
« vôtres, et qui ne nous permettent pas de
« donner l'argent que vous nous demandez,
« la Pauvreté et l'Impuissance. Sur ce refus
il fit mine de l'assiéger ; et les menaça
de ruiner entièrement leur ville. Il traita
de la même sorte plusieurs autres îles,
qui n'osèrent pas lui résister comme Andros, et il en tira de grosses sommes à
l'insu des autres capitaines ; car il passait
pour aimer l'argent et vouloir s'enrichir.

§ IX. [Av. J.-C. 479.] Mardonius, qui
était resté en Grèce avec un corps d'armée
de trois cent mille hommes, fit passer l'hiver à ses troupes, dans la Thessalie ; et le
printemps suivant il les mena dans la Béotie. Il y avait dans le pays un oracle fort
célèbre, c'était celui de Lébadie, qu'il crut
devoir consulter pour savoir quel serait le
succès de la guerre. Le prêtre, dans l'en-
thousiasme dont il fut saisi, répondit en
une langue que personne des assistans n'entendait, comme pour insinuer que l'oracle
ne daignait pas s'expliquer à un barbare. Il
envoya dans le même temps Alexandre, roi

de Macédoine , avec plusieurs seigneurs
persans à Athènes, et fit faire à ses habitans,
de la part de son maître , des offres très a-
vantageuses pour les détacher du reste des
alliés. Il leur promettait de rétablir entièrement leur ville qui avait été brûlée , de
leur fournir de grandes sommes d'argent,
de leur permettre de vivre selon leurs lois,
et de leur donner le commandement sur toute
la Grèce. Alexandre les exhorta en son nom,
et comme leur ancien ami, à profiter d'une
occasion si favorable de rétablir leurs affaires , leur marquant qu'ils étaient hors d'é-
tat de tenir tête à une puissance aussi formidable que celle des Perses , et qui était
infiniment supérieure à celle des Grecs. Les
Lacédémoniens, sur le premier bruit de
cette ambassade, avaient aussi de leur côté
envoyé des députés à Athènes pour en détourner l'effet. Ils assistaient à l'audience.
Après qu'Alexandre se fut tu, ils prirent la
parole en s'adressant aux Athéniens, les
exhortèrent fortement à ne pas abandonner
l'intérêt commun de la Grèce, et à ne se
point séparer du corps des alliés, leur représentant que l'union, dans la conjonture
où se trouvait la Grèce , faisait toute leur

force, et les rendrait invincibles. Ils ajou-
tèrent que la république de Sparte était fort
sensible à la triste situation des Athéniens,
qui étaient sans maisons et sans retraites ,
et dont les moissons avaient été ruinées deux
années consécutives ; qu'elle s'offrait à nou-
rir et à entretenir pendant tout le temps de
la guerre leurs femmes, leurs enfans, leurs
vieillards , et à pourvoir abondamment à
tous leurs besoins. Ils finirent par ce qui
regardait Alexandre , dont ils dirent que
le discours avait été tel qu'on devait l'attendre d'un tyran qui parlait en faveur d'un
tyran ; mais qu'il semblait avoir oublié que
le peuple auquel il s'adressait s'était montré
en toute occasion le plus zélé défenseur de
la liberté commune.

Aristide était pour lors en charge, c'est-
à-dire le premier des archontes. Il répondit
qu'il pardonnait aux barbares , qui n'esti-
maient que l'or et l'argent, d'avoir espéré
de pouvoir corrompre leur fidélité par de
magnifiques promesses ; mais qu'il ne pouvait voir sans surprise et sans quelque sorte
d'indignation que les Lacédémoniens, n'en-
visageant que la pauvreté et la misère présente des Athéniens, et oubliant leur cou-

rage et leur grandeur d'ame, vinssent les
les exhorter à combattre généreusement
pour le salut commun de la Grèce, par la
vue de quelques récompenses et de quelques
nourritures qu'ils leur offraient : qu'ils dé-
clarassent à leur république que tout l'or
du monde n'était pas capable de tenter les
Athéniens, ni de leur faire abandonner la
défense de la liberté commune; qu'ils étaient
sensibles, comme ils le devaient, aux offres
obligeantes de Lacédémone, mais qu'ils fe-
raient en sorte de n'être à charge à aucun
de leurs alliés. Puis se tournant vers les
députés de Mardonius, et leur montrant
de sa main le soleil : « Sachez, leur dit-il,
« que, tant que cet astre continuera sa cour-
« se, les Athéniens seront mortels ennemis
« des Perses, et qu'ils ne cesseront de ven-
« ger sur eux le ravage de leurs terres, et
« l'incendie de leurs maisons et de leurs
« temples. » Il pria le roi de Macédoine,
s'il voulait être véritablement leur ami, de
ne plus se rendre auprès d'eux le porteur
de telles paroles, qui ne pouvaient que le
déshonorer sans produire aucun fruit.

Aristide ne se contenta pas d'une déclara-
tion si forte et si précise. Pour inspirer encore

plus d'horreur de semblables propositions, et pour interdire à jamais tout commerce avec les barbares par un motif de religion, il ordonna que les prêtres maudissent et chargeassent d'anathèmes quiconque oserait proposer de faire alliance avec les Perses, ou d'abandonner celle des Grecs.

Quand Mardonius eut appris, par la réponse des Athéniens, que nul prix, nul avantage ne pouvait les porter à vendre leur liberté, il marcha avec toute son armée vers l'Attique, détruisant tout ce qu'il rencontrait sur son chemin. Les Athéniens, n'étant pas en état de résister à ce torrent, s'étaient retiré à Salamine, et avait une seconde fois abandonné leur ville. Mardonius ne perdant pas encore toute espérance d'accommodement avec eux, leur envoya un député pour leur faire les mêmes propositions qu'auparavant. Un Athénien, nommé Lycidas, étant d'avis qu'on l'écoutât, fut lapidé sur le champ ; et les femmes athéniennes coururent en même temps à sa maison, et lapidèrent aussi sa femme et ses enfans : tant la paix avec le barbare paraissait un crime détestable. On respecta néanmoins dans le député le caractère dont il était revêtu, et on le renvoya sans lui faire aucun mauvais traitement. Mardonius connut alors qu'il n'y avait point de paix à attendre. Il entra dans Athènes, brûla et démolit tout ce qui avait échappé au s'accagement de l'année précédente.

Pausanias nous apprend que dans la suite on laissa exprès qùelques temples dans l'état où les Perses les avaient mis, sans les rétablir, afin que ces ruines sacrées fussent des motifs toujours subsistans de la haine irréconciliable qui devait être entre les Grecs et les barbares.

Les Lacédémoniens, au lieu de conduire leurs troupes dans l'Attique comme ils s'y étaient engagés, songeaient à se renfermer dans le Péloponèse pour s'y défendre, et, dans cette vue, avaient commencé à élever un mur sur l'isthme pour en fermer l'entrée à l'ennemi, et par là ils comptaient qu'ils seraient en sûreté, et n'auraient plus besoin des Athéniens. Ceux-ci députèrent à Sparte pour se plaindre de la lenteur et de la négligence de leurs alliés. Les éphores ne parurent pas fort touchés de leurs remontrances ; et comme ce jour était la fête d'Hyacinthe *, ils le passèrent en

* Chez les Lacédémoniens, la fête d'Hyacinthe

festins et en réjouissances , remettant leur réponse au lendemain ; et traînant l'affaire en longueur sous différens prétextes, ils gagnèrent dix jours, pendant lesquels la muraille fut achevée. Ils étaient près de renvoyer honteusement les députés, lorsqu'un particulier leur ayant présenté quelle indignité il y aurait à traiter ainsi les Athéniens après toutes les pertes volontaires qu'ils avaient souffertes si généreusement pour la défense commune de la liberté, et tous les services importans qu'ils avaient rendus à la Grèce, ils ouvrirent les yeux et eurent honte d'une si noire perfidie. La nuit même qui suivit ils firent partir, à l'insu des Athéniens, cinq mille Spartiates qui avaient avec eux chacun sept Ilotes. Le lendemain matin, les députés, renouvelan leurs plaintes avec beaucoup de vivacité furent très surpris d'apprendre que le secours était en chemin et s'approchait d l'Attique.

durait trois jours. Le premier et le dernier étaie des jours de tristesse et de deuil pour la mo d'Hyacinthe ; mais le second était un jour de ré jouissance : il y avait des festins, des jeux, de spectacles, et toutes sortes de divertissemens. Cett fête se célébrait toutes les années au mois d'août en l'honneur d'Apollon et d'Hyacinthe.

Mardonius l'avait quittée pour reprendre le chemin de la Béotie. Il crut que, ce
pays étant ouvert et uni, il lui convenait
mieux d'y combattre que dans l'Attique,
pays rude et raboteux, plein de hauteurs
et de défilés, qui, par cette raison, ne
pourrait lui fournir de terrain propre à
ranger en bataille sa nombreuse armée, ni
donner lieu d'agir à sa cavalerie. Il campa
à son retour sur la rivière d'Asope. Les
Grecs l'y suivirent sous le commandement
de Pausanias, roi de Lacédémone et d'A-
ristide, général des Athéniens. L'armée
des Perses était, selon Hérodote, de trois
cent mille hommes, ou selon Diodore, de
cinq cent mille. Celle des Grecs n'était que
de soixante-six mille hommes. Il n'y avait
que cinq mille Spartiates : mais ils étaient
accompagnés de trente-cinq mille Ilotes,
sept pour chaque Spartiate; ces derniers
étaient des troupes armées à la légère : les
Athéniens n'étaient qu'au nombre de huit
mille. Tout le reste était des alliés. Les
Spartiates commandaient l'aile droite, et
les Athéniens la gauche : honneur que les
Tégéates leur disputèrent, mais inutile-
ment.

Pendant que la Grèce était en suspens dans l'attente d'une bataille qui allait décider de son sort, un complot secret, formé au milieu du camp des Athéniens par quelques citoyens mécontens, qui songeaient à ruiner le gouvernement populaire ou à livrer la Grèce aux Perses, jeta Aristide dans un grand embarras. Il eut besoin ici de toute sa prudence. Ne sachant pas au juste le nombre de ceux qui pouvaient avoir trempé dans cette conjuration, il se contenta d'en faire arrêter huit, et de ces huit, les deux seuls contre lesquels il fit faire des informations, parce qu'ils étaient les plus chargés, se sauvèrent du camp pendant qu'on faisait leur procès. Aristide sans doute favorisant leur fuite de peur d'être obligé de les faire punir, et que leur punition ne causât quelque émeute. Pour les autres, il les relâcha, leur laissant penser qu'on n'avait rien trouvé contre eux, et il leur dit que la bataille serait le tribunal où ils pourraient se justifier pleinement, et montrer qu'ils étaient bien éloignés d'avoir songé à trahir leur patrie. Cette sage dissimulation, qui donnait lieu au repentir, et qui évitait de pousser au désespoir les coupables, apaisa tout le mouvement.

Mardonius, pour tâter les Grecs, envoya sa cavalerie escarmoucher contre eux, en quoi il était le plus fort. Les Mégariens, qui étaient campés dans la plaine, en souffrirent beaucoup ; et quelque vigoureuse résistance qu'ils fissent, ils étaient près de plier, lorsqu'un détachement de trois cents Athéniens, avec quelques gens de trait, s'avança pour les soutenir. Masistius, général de la cavalerie des Perses, l'un des plus considérables seigneurs de la nation, les voyant venir à lui en bon ordre, tourna bride et poussa contre eux. Les Athéniens l'attendirent de pied ferme. Il y eut là un choc fort rude, les deux partis cherchant également à montrer par le succès de ce combat quel serait celui de la bataille générale. La victoire fut long-temps disputée : mais enfin le cheval de Masistius, ayant été blessé, jeta son maître par terre, qui fut tué sur-le-champ; et aussitôt les Perses prirent la fuite. Quand on eut appris sa mort chez les barbares, la douleur fut extrême. Ils se coupèrent les cheveux, coupèrent les crins de leurs chevaux et de leurs mulets, et remplirent tout le camp de cris et de gémissemens, comme ayant perdu le plus brave homme de l'armée.

Après ce combat contre la cavalerie des Perses, les deux armées furent long-temps sens en venir aux mains, parce que les devins, sur l'inspection des entrailles des victimes, leur prédisaient également aux uns et aux autres la victoire, s'ils ne faisaient que se défendre, au lieu qu'ils les menaçaient également d'une défaite entière s'ils attaquaient.

Ils passèrent ainsi dix jours à se regarder. Mardonius, qui était d'un caractère vif et bouillant, souffrait avec peine un si long délai. D'ailleurs il ne lui restait plus de vivres que pour peu de jours, et les Grecs se fortifiaient de plus en plus par de nouvelles troupes qui leur arrivaient journellement. Il assembla donc son conseil pour délibérer si l'on donnerait la bataille. Artabaze, seigneur d'un rare mérite et d'une grande expérience, était d'avis qu'on ne harsadât point de bataille, mais qu'on se retirât sous les murs de Thèbes, où l'on aurait soin d'amasser des vivres et des fourrages. Il représentait que le seul délai était capable de ralentir beaucoup l'ardeur des alliés; qu'on travaillerait à en détacher plusieurs par l'or et l'argent qu'on répandrait parmi les chefs, et parmi ceux qui avaient le plus de crédit dans chaque ville; et que, par ce moyen, ils pourraient plus facilement et plus sûrement se rendre maîtres de la Grèce. Cet avis était fort sage; mais l'avis contraire l'emporta, parce que c'était celui de Mardonius, que personne n'osait contredire. Il fut résolu qu'on donnerait la bataille le lendemain. Alexandre, roi de Macédoine qui était dans le cœur pour les Grecs,, s'approcha secrètement de leur camp vers minuit, et instruisit Aristide de tout ce qui s'était passé.

Aussitôt Pausanias donna ordre aux officiers de se préparer au combat, et il communiqua à Aristide le dessein qu'il avait formé de changer son ordre de bataille, en faisant passer les Athéniens de l'aile gauche à l'aile droite pour les opposer aux Perses, contre lesquels ils étaient accoutumés à combattre. Soit prudence, soit timidité qui lui eût fait proposer ce parti, les Athéniens l'acceptèrent avec joie. On n'entendait parmi eux que des exhortations qu'ils se faisaient les uns aux autres de se montrer gens de cœur : que ni eux ni leurs ennemis n'étaient point changés depuis la bataille de Marathon, si ce n'est que la victoire avait augmenté le courage des Athéniens, et abattu celui des Perses. Nous ne combattons pas comme eux, disaient-ils, pour un pays et pour une ville seulement, mais pour les trophées érigées à Marathon et à Salamine, afin qu'ils ne paraissent pas l'ouvrage de Miltiade et de la fortune, mais l'ouvrage des Athéniens. En parlant ainsi ils allaient gaîment changer de poste. Mais Mardonius, sur l'avis qu'il en eut, ayant pareillement changé son ordre de bataille, on remit les choses de part et d'autre dans leur état. Ainsi tout ce jour-là se passa sans rien faire.

Le soir on tint un conseil parmi les Grecs, où il fut résolu qu'on décamperait, et que l'on irait chercher un lieu commode pour les eaux. La nuit étant venue, et les capitaines commençant à s'avancer à la tête de leurs corps vers le camp qu'on avait marqué, il y eut beaucoup de confusion parmi les troupes, dont les unes allaient d'un côté, et les autres d'un autre, sans garder d'ordre dans leur marche. On s'arrêta près de la petite ville de Platée.

Au premier bruit du départ des Grecs, Mardonius mit toute son armée en bataille et s'avança contre l'ennemi avec de grands cris et d'horribles hurlemens des barbares, qui pensaient marcher bien moins pour combattre que pour dépouiller des fuyards; et leur général, se tenant sûr de la victoire, insultait fièrement à la timide et lâche prudence d'Artabaze, et à la fausse idée qu'il avait conçue des Lacédémoniens, que l'on prétendait ne prendre jamais la fuite devant l'ennemi; et cependant on voyait ici le contraire. Il sentit bientôt que cette idée n'était pas fausse. Il tomba sur les Lacédémoniens, qui étaient séparés du corps de l'armée, au nombre de cinquante mille hommes, avec trois mille Tégéates. Le choc fut des plus rudes : de part et d'autre on montra un courage de lions, et les barbares connurent qu'ils avaient affaire à des soldats déterminés à vaincre ou à mourir. Les Athéniens, vers qui Pausanias avait dépéché un officier, s'étaient mis en marche pour l'aller secourir : mais les Grecs qui tenaient le parti des Perses, au nombre de cinquante mille hommes, vinrent à leur rencontre, et les empêchèrent de passer outre. Aristide avec sa petite troupe soutint de pied ferme leur attaque, et leur fit voir que le grand nombre ne peut rien contre le courage et la bravoure.

La bataille étant ainsi partagée en deux endroits, les Lacédémoniens furent les premiers qui rompirent les Perses, et les mirent en déroute. Mardonius leur chef étant tombé mort d'une blessure qu'il reçut, toute l'armée prit la fuite, et les Grecs qui combattaient contre Aristide en firent autant, dès qu'ils eurent appris la défaite des barbares. Ceux-ci s'étaient réfugiés dans leur premier camp, et s'y étaient enfermés d'une enceinte de bois. Les Lacédémoniens les y avaient poursuivis, et ils attaquaient le retranchement, mais avec faiblesse et nonchalance, comme des gens peu accoutumés à faire de sièges et à forcer des murailles. Les Athéniens, qui en eurent avis, cessant de poursuivre les Grecs, marchèrent vers le camp, l'emportèrent après plusieurs assauts, et firent un grand carnage.

Artabaze, qui avait prévu ce malheur sur la mauvaise manœuvre qu'il voyait faire à Mardonius, après avoir donné dans le combat toutes les marques possibles de courage et d'intrépidité, se sauva de bonne heure avec quarante mille hommes qu'il commandait, et prévenant par sa prompte marche le bruit de sa défaite, arriva en sûreté à Bysance, et passa de là en Asie : de tout le reste de l'armée il n'y en eut pas quatre mille qui échappèrent au carnage de cette journée : tous furent tués et taillés en pièces par les Grecs, qui se délivrèrent par là une bonne fois des invasions de ces peuples, aucune armée persane ne s'étant plus fait voir depuis ce temps-là en-deçà de l'Hellespont.

Cette bataille fut donnée le quatre du mois * Boédromion (Av. J.-C. 479), selon la manière de compter des Athéniens. Aussitôt après, les alliés, pour marquer leur reconnaissance, firent faire à frais

* Ce jour répond au 19 de notre mois de septembre.

communs une statue de Jupiter qu'ils po-
sèrent dans son temple d'Olympie. Les
noms de tous les peuples de la Grèce qui
s'étaient trouvés au combat étaient gravés
sur le côté droit du piédestal de la statue,
les Lacédémoniens à la tête, les Athéniens
après eux, et tous les autres de suite.

Un des premiers citoyens d'Égine vint
trouver Pausanias, et l'exhorta à venger
l'affront que Mardonius et Xerxès avaient
fait à Léonide, dont le corps mort avait
été attaché par leur ordre à une potence,
et le pressa de traiter de la même sorte
le corps de Mardonius. Pour l'y porter
plus fortement, il ajoutait que satisfaire
ainsi aux mânes de ceux qui avaient été
tués aux Thermopyles, c'était un moyen
sûr d'immortaliser son nom parmi tous
les Grecs, et pendant la durée de tous les
siècles. « Portez ailleurs vos lâches con-
« seils, lui répliqua Pausanias. Il faut que
« vous vous entendiez bien mal en vraie
« gloire, de penser que j'en doive beau-
« coup acquérir en me rendant semblable
« aux barbares. S'il faut agir ainsi pour
« plaire à ceux d'Égine, j'aime mieux me
« conserver l'estime des Lacédémoniens,

« chez qui l'on ne met point en comparai-
« son le bas et indigne plaisir de la ven-
« geance avec celui de montrer de la clé-
« mence et de la modération à l'égard de
« nos ennemis, et surtout après leur mort.
« Pour ce qui regarde les mânes des Spar-
« tiates, ils sont suffisamment vengés par
« la mort de tant de milliers de Perses
« qui sont demeurés sur la place dans le
« dernier combat. »

Une contestation qui s'éleva entre les
Athéniens et les Lacédémoniens, pour savoir auquel des deux peuples on assigne-
rait le prix de la valeur, et lequel poserait
un trophée, pensa souiller la gloire, et
troubler la joie de la victoire qu'on venait
de remporter. Ils allaient décider ce d'f-
férend par les armes, et se porter aux
dernières extrémités, si Aristide, par ses
bonnes raisons, ne leur eût persuadé de
remettre au jugement des Grecs la déci-
sion de cette affaire. La proposition fut
acceptée. Les Grecs étant donc assemblés dans ce lieu-là même pour juger ce
différend, Théogiton de Mégare dit, dans
son avis, qu'il ne fallait adjuger ce prix
de la valeur ni à Athènes, ni à Sparte,

mais à une troisième ville, s'ils ne voulaient allumer une guerre civile plus funeste que la guerre qu'ils venaient de terminer. Après lui, Cléocrite de Corinthe
s'étant levé pour parler, personne ne
douta qu'il n'allât demander cet honneur
pour sa patrie ; car Corinthe était la première ville de la Grèce en puissance et
en dignité après celles d'Athènes et de
Sparte. Mais on fut agréablement trompé
quand on vit que son discours était tout
entier à la louange des Platéens, et qu'il
conclut que, pour éteindre cette conten-
tion si dangereuse, il fallait leur décer-
ner à eux seuls ce prix, dont ni les uns
ni les autres des contendans ne pourraient
être jaloux ni fâchés. Ce discours fut reçu
de toute l'assemblée avec applaudisse-
ment. Aristide se rangea le premier à cet
avis pour les Athéniens, et après lui Pausanias pour les Lacédémoniens.

Étant ainsi tous d'accord, avant que de
partager le butin, ils mirent à part quatre-
vingts talens * pour les Platéens, qui les
employèrent à bâtir un temple à Minerve,
à lui élever une statue, et à enrichir ce

* Quatre-vingt mille écus.

emple de beaux tableaux qui duraient encore du temps de Plutarque, c'est-à-dire plus de six cents ans après, et qui étaient aussi frais que s'ils fussent sortis des mains du peintre. Pour ce qui est du trophée, les Lacédémoniens en érigèrent un en leur particulier, et les Athéniens un autre.

Le butin fut immense. On trouva dans le camp de Mardonius des sommes infinies d'or et d'argent monnayés ; des coupes, des vases, des lits, des tables, des colliers, des bracelets d'or et d'argent, sans nombre et sans prix. Un historien remarque que ces dépouilles devinrent funestes à la Grèce, et commencèrent à y jeter l'amour des richesses et le goût du luxe.

On commença, selon la religieuse coutume des Grecs, par mettre à part la dîme de tout le butin pour les dieux : le reste fut partagé également entre les villes et les peuples qui avaient fourni des troupes ; et les chefs qui s'étaient distingués dans le combat le furent aussi dans cette distribution. On envoya un trépied d'or à Delphes. Pausanias avait marqué dans l'inscription, *qu'il avait défait les barbares à Platée, et qu'en reconnaissance de cette victoire il avait fait ce present à Apollon.* Cette inscription fastueuse, où il s'attribuait à lui seul et la victoire et l'offrande, blessa les Lacédémoniens : et pour punir son orgueil par l'endroit même par lequel il prétendait s'élever, et pour rendre en même temps justice aux alliés, ils firent effacer son nom, et mirent à sa place celui des villes qui avaient contribué à la victoire. Un desir de gloire trop ardent lui laissait ignorer qu'on ne perd rien par une sage modestie qui évite de faire trop valoir les services, et qu'en mettant à couvert de l'envie, elle ne sert qu'à augmenter la réputation.

Pausanias avait fait paraître davantage l'esprit et le goût spartains dans un double repas qu'il fit préparer peu de jours après le combat, l'un superbe et magnifique, où l'on avait étalé tout ce qui servait à parer la table de Mardonius, l'autre simple et frugal, à la manière des Spartiates. Puis, les comparant ensemble, et en faisant remarquer la différence à ses officiers qu'il avait mandés exprès : « Quelle folie, « leur dit-il, à Mardonius accoutumé à de tels repas de venir attaquer des gens qui savent, comme nous, se passer de tout ! »

Les Grècs envoyèrent en commun à elphes consulter l'oracle sur le sacrifice 'ils devaient faire. Le dieu leur répou-t qu'ils élevassent un autel à Jupiter bérateur, mais qu'ils se gardassent bien 'y offrir aucun sacrifice avant que d'avoir eint tout le feu qui était dans le pays, arce qu'il avait été pollué et profané par s barbares, et qu'ils vinssent prendre à elphes même un feu pur sur l'autel apelé *l'autel commun.*

Cet oracle ayant été rapporté aux Grecs, s généraux allèrent d'abord dans tout pays, et firent éteindre tout le feu; et uchidas, de la ville de Platée, s'étant hargé d'apporter avec toute la diligence ossible, le feu du dieu, alla à Delphes. l se purifia d'abord, s'aspergea d'eau acrée, se couronna de laurier, s'approha de l'autel, y prit avec révérence le eu sacré, et reprit le chemin de Platée, ù il arriva avant le coucher du soleil, iyant fait ce jour-là mille stades (cinquante ieues). En arrivant il salua ses conci-

toyens, leur remit le feu, tomba à leurs
pieds, et un moment après il rendit l'esprit. Les Platéens l'emportèrent, et l'en-
terrèrent dans le temple de Diane, surnommée *Eucleia (de la bonne renommée)*,
et mirent sur son tombeau cette épitaphe
en un seul vers : *Ci-gît Euchidas, qui fit
une course à Delphes, et revint ici le même
jour.*

Dans la première assemblée générale
de la Grèce, qui se tint quelque temps
après, Aristide proposa ce décret : que
chaque année toutes les villes de la Grèce
enverraient à Platée leurs députés, pour
faire des sacrifices à Jupiter libérateur et
aux dieux de la ville (cette assemblée se
tenait encore régulièrement du temps de
Plutarque) ; que de cinq ans en cinq ans
on y célébrerait des jeux, qu'on appelerait
les jeux de la liberté ; qu'on leverait par
toute la Grèce dix mille hommes de pied,
et mille chevaux ; qu'on équiperait une
flotte de cent vaisseaux, qui seraient entretenus pour faire la guerre aux barbares ;
et que les Platéens, dévoués uniquement
au service du dieu, seraient regardés
comme sacrés et inviolables, n'ayant

d'autre fonction que d'offrir des prières et des sacrifices pour le salut des Grecs.

Tous ces articles étant approuvés et passés, les Platéens se chargèrent de faire tous les ans l'anniversaire de ceux qui avaient été tués à cette bataille; et voici l'ordre et la manière de ce sacrifice. Le seizième * jour du mois de maimactérion (qui répond à notre mois de décembre**), on fait à la pointe du jour une procession, précédée par un trompette qui sonne la charge. Après ce trompette marchent plusieurs chariots pleins de couronnes et de branches de myrte. Ces chariots sont suivis d'un taureau noir : après le taureau marchent des jeunes gens, qui portent des cruches pleines de vin et de lait, effusions ordinaires qu'on fait aux morts, et des fioles d'huile et d'essence. Tous ces jeunes gens sont de condition libre ; car il n'est permis à aucun esclave de se mêler dans cette cérémonie, qu'on fait pour des hommes qui sont morts pour la liberté.

* Le 24 novembre.

** Trois mois après celui où la bataille de Platée s'était donnée. Apparemment qu'on ne fit ses funérailles pour la première fois qu'après que les en-

Enfin, cette pompe est fermée par l'archonte, ou le premier magistrat des Platéens, à qui, en tout autre temps, il est
défendu de toucher seulement le fer, et de
porter d'autre vêtement qu'un vêtement
blanc. Mais ce jour-là revêtu d'une robe
de pourpre, ceint d'une épée, et tenant
dans ses mains une urne qu'il a prise dans
le greffe public, il s'avance au travers de
la ville vers le lieu où sont les tombeaux.
Dès qu'il y est arrivé, il puise de l'eau
avec son urne dans la fontaine, lave lui-
même les petites colonnes qui sont à ces
tombeaux, les frotte d'essence, et égorge
ensuite le taureau sur un bûcher qu'on a
préparé. Après avoir fait des prières à *
Jupiter et à Mercure terrestres, il invite
ces vaillans hommes à ce festin funèbre
et à ces effusions mortuaires, et remplis-
sant de vin une coupe, il la verse et dit à
haute voix : *Je présente cette coupe à ces
vaillans hommes qui sont morts pour la li-*

nemis se furent entièrement retirés, et que le pays
fut libre.

« *Jupiter terrestre* n'est autre que Pluton ; et
Mercure était aussi appelé *terrestre*, à cause de
on emploi de conduire les ombres dans les enfers

berté des Grecs. Voilà les cérémonies qui s'observaient encore du temps de Plutarque.

Diodore ajoute que les Athéniens en particulier décorèrent avec magnificence les tombeaux de ceux qui étaient morts dans la guerre contre les Perses, instituèrent en leur honneur des jeux funèbres, et établirent un panégyrique solennel qui se réitérait apparemment tous les ans.

On sent assez, sans que je sois obligé de le faire remarquer, combien ces témoignages solennels et perpétuels d'honneur, d'estime, de reconnaissance envers ces soldats morts pour la défense de la liberté, contribuaient à relever le mérite de la valeur et des services rendus à la patrie, et à inspirer du courage aux spectateurs; et combien tout cela était propre à perpétuer la bravoure dans un peuple, et à former des troupes invincibles.

On n'aura pas moins été frappé sans doute de l'attention merveilleuse de ces peuples à s'acquitter en tout des devoirs de religion. L'évènement que je viens de rapporter, c'est-à-dire la bataille de Platée, en fournit des preuves bien éclatantes dans le sacrifice annuel et perpétuel à Jupiter libérateur, qui continuait encore du temps de Plutarque; dans le soin de consacrer aux dieux la dîme de tout le butin; dans le décret proposé par Aristide, d'établir à perpétuité, tous les ans, une fête solennelle. Il est beau, ce me semble, de voir des peuples idolâtres protester ainsi publiquement qu'ils attendent tout de la Divinité; qu'ils se croient obligés de lui rapporter tout; qu'ils la regardent comme la source des succès et des victoires, comme l'arbitre souveraine des états et des empires; comme donnant les conseils salutaires, et inspirant la prudence et le courage; comme digne, par tous ces titres, d'avoir la première part au butin, et méritant une reconnaissance éternelle pour des bienfaits si importans.

§ X. Le même jour que les Grecs combattirent à Platée, leur armée navale remporta en Asie une mémorable victoire sur les restes de la flotte des Perses; car, pendant que celle des Grecs était à Egine sous le commandement de Léotychide, roi de Lacédémone, et de Xanthippe l'Athénien, il leur vint des ambassadeurs de la part des Ioniens pour les inviter à venir en Asie délivrer les villes grecques de la servitude des barbares. Sur cet avis, ils firent voile pour l'Asie, et prirent leur route par Délos. Pendant qu'ils y étaient d'autres ambassadeurs vinrent de Samos les y trouver, et leur apprirent que la flotte des Perses, qui avait passé l'hiver à Cume, était alors à Samos, et pouvait y être facilement défaite et détruite, les priant instamment de ne point négliger une occasion si favorable. Les Grecs firent donc voile vers Samos. Mais les Perses, ayant eu avis de leur approche, se retirèrent à Mycale, promontoire du continent d'Asie, où campait leur armée de terre, forte de cent mille hommes, qui était le reste de ceux que Xerxès avait ramenés de Grèce l'année précédente. Ils tirèrent là leurs vaisseaux à terre, ce qui était ordinaire aux anciens, et les environnèrent d'un fort rempart. Les Grecs les ayant suivis jusque là, défirent, par le secours des Ioniens, leur armée de terre, forcèrent leur rempart, et brulèrent tous leurs vaisseaux.

La bataille de Platée fut donnée le

matin, et celle de Mycale l'après-midi du même jour. Cependant tous les écrivains grecs rapportent qu'on apprit à Mycale la victoire de Platée avant le commencement du combat, quoiqu'il y eût entre-deux toute la mer Égée, qu'on ne pouvait traverser qu'en plusieurs jours de navigation. Mais Diodore de Sicile nous explique ce mystère. Il nous apprend que Léotychide, remarquant que ses soldats étaient fort troublés par la crainte que leurs compatriotes ne succombassent à Platée sous la nombreuse armée de Mardonius, imagina un stratagème pour relever leur courage; et que, sur le point qu'il devait donner le premier assaut (*), il fit répandre le bruit parmi ses troupes que les Perses avaient été défaits quoiqu'il n'en eût aucune connaissance.

Xerxès, ayant appris ces deux grandes défaites, abandonna Sardes avec la même précipitation qu'il avait fait à Athènes après la bataille de Salamine, et se retira pré-

---

* Ce qu'on dit aussi de la victoire de Paul Émile sur les Lacédémoniens, qui fut sue à Rome le jour même qu'elle avait été gagnée, arriva sans doute de la même sorte. (PLUT. *in Paul. Æmil.*, pag. 268. et LIV. lib. 45, n. 1).

cipitamment en Perse, pour se mettre le plus loin qu'il était possible hors de la portée de ses ennemis victorieux. Mais avant que de partir, il donna ordre de brûler et de démolir tous les temples des villes grecques d'Asie; ce qui fut exécuté, n'y ayant eu d'épargné que le temple de Diane à Éphèse. Il en usa ainsi à l'instigation des mages, ennemis déclarés des temples et des simulacres. Le second Zoroastre l'avait instruit à fond de leur religion, et l'en avait rendu un ardent défenseur. Pline nous apprend qu'Ostane, le chef des mages et le patriarche de cette secte, qui en soutenait les maximes et les intérêts jusqu'à la fureur, accompagna Xerxès dans son expédition contre la Grèce. Ce prince, passant par Babylone dans son retour à Suse, y détruisit aussi tous les temples, comme il avait fait dans la Grèce et dans l'Asie mineure, par le même principe sans doute, et en haine de la secte des Sabéens, qui adoraient Dieu par des images, culte que les mages détestaient souverainement. Peut-être aussi que le desir de se dédommager des frais que lui avait coûté son expédition contre la Grèce, et le porta à piller et à détruire ces temples pour profiter de leurs dépouilles; car il y trouva des richesses immenses, que la superstition des peuples et des princes y avait amassées pendant une longue suite de siècles.

La flotte grecque, après la bataille de Mycale, fit voile vers l'Hellespont, pour se saisir des ponts que Xerxès avait fait jeter sur ce détroit, les croyant encore dans leur entier; mais, les ayant trouvés rompus par la tempête, Léotychide et ceux du Péloponnèse reprirent le chemin de leur pays. Pour Xanthippe, il resta avec les Athéniens et les confédérés d'Ionie, et ils se rendirent maîtres de Sesté et de la Chersonèse de Thrace, où ils firent un grand butin et un grand nombre de prisonniers. Après quoi, aux approches de l'hiver, ils retournèrent chacun dans leurs villes.

Depuis ce temps-là toutes les villes d'Ionie se révoltèrent contre les Perses; et étant entrées en confédération avec les Grecs, elles conservèrent la plupart leur liberté pendant tout le temps que cet empire subsista.

§ XI. [Av. J.-C. 479.] Pendant que Xerxès était à Sardes, il y avait conçu une violente passion pour la femme de Masiste, son frère, prince d'un rare mérite, qui l'avait toujours servi avec zèle, et ne lui avait jamais donné aucun sujet de mécontentement. La vertu de cette dame, sa fidélité et sa tendresse pour son mari l'avaient rendue inébranlable à toutes les sollicitations du roi. Il espéra la pouvoir gagner en la comblant de bienfaits, et entre autres graces qu'il lui accorda, il fit épouser à Darius son fils aîné, qu'il destinait pour son successeur Artaïnte, fille de cette princesse, et dès, qu'il fut arrivé à Suse, il voulut que le mariage fût consommé. Mais Xerxès, malgré toutes ces avances, ne la trouvant pas moins innaccessible à ses attaques, changea tout à coup d'objet, et devint passionné à l'excès pour la fille, qui n'imita pas la sage et vertueuse fermeté de sa mère. Pendant toutes ces intrigues, Amestris, femme de Xerxès, lui fit présent d'une riche et magnifique robe qu'elle avait faite elle-même. Xerxès, trouvant cette robe fort à son gré, la prit la première fois qu'il rendit visite à Artaïnte. Dans la conversation, il la pressa de marquer ce qu'elle desirait de lui, avec promesse et même serment de lui accorder tout ce qu'elle voudrait. Artaïnte lui demanda la robe qu'il portait. Xerxès, qui prévoyait les malheurs que ce présent entraînerait après soi, fit tout ce qu'il put pour en détourner l'effet, offrant toute autre chose en la place; mais ne pouvant la persuader, et se croyant lié par l'engagement imprudent de sa promesse et de son serment, il lui donna sa robe. Cette femme ne l'eut pas plus tôt reçue, qu'elle la porta publiquement par manière de trophée.

Cette action ayant confirmé Amestris dans ses soupçons, elle en fut irritée au dernier point ; mais, au lieu de porter sa vengeance sur la fille, qui était la seule coupable, elle résolut de la faire tomber sur la mère, à qui elle attribuait toute cette intrigue, quoiqu'elle en fût entièrement innocente. Elle attendit le temps de la grande fête, qui se célébrait tous les ans le jour de la naissance du roi, et qui n'était pas loin, dans laquelle le roi, selon la coutume établie, devait lui accorder tout ce qu'elle demanderait. Le jour lonc étant venu, elle lui demanda que la femme de Masiste lui fût livrée. Xerxès, qui comprit le dessein de la reine, et qui en frémit d'horreur, tant par considération pour son frère, qu'à cause de l'innocence de cette dame, contre laquelle il voyait que sa femme était violemment irritée, lui refusa d'abord sa demande, et fit tout ce qu'il put pour l'en détourner; mais n'ayant pu ni la gagner, ni prendre sur soi d'agir avec fermeté, il céda, par une complaisance également faible et cruelle, préférant aux devoirs inviolables de la justice et de l'humanité les droits arbitraires d'une coutume établie uniquement pour donner lieu à la libéralité et à la bonté.

Cette dame fut donc saisie par les gardes du roi, et livrée à Amestris, qui lui fit couper les mamelles, la langue, le nez, les oreilles, et les lèvres, les fit jeter aux chiens en sa présence, et la renvoya ainsi mutilée en la maison de son mari. Cependant Xerxès l'avait mandé, pour le préparer à cette triste nouvelle. Il lui témoigna qu'il desirait qu'il se séparât de sa femme et qu'il lui donnerait en sa place une de ses filles en mariage. Masiste, qui avait un attachement extrême pour sa femme, ne put se résoudre à l'abandonner : ce qui fit que Xerxès lui dit tout en colère que, puisqu'il refusait sa fille, il n'aurait ni elle ni sa femme, et qu'il apprendrait à ne pas rejeter les offres de son maître, et il le renvoya avec cette inhumaine réponse.

Un tel procédé ayant jeté Masiste dans un grand trouble, et lui faisant tout craindre, il se hâta de retourner chez lui pour voir ce qui s'y passait. Il y trouva sa femme dans le déplorable état que nous venons de marquer. En étant irrité au point que l'on peut s'imaginer, il assembla toute sa famille, ses domestiques, et tous ceux qui étaient dans sa dépendance, et fit toute la diligence possible pour gagner la Bactriane, dont il était gouverneur, résolu, dès qu'il y serait arrivé, de lever une armée, et de faire la guerre au roi pour se venger de ce traitement barbare. Mais Xerxès, informé de son départ précipité, et soupçonnant par là ce qu'il avait dessein de faire, le fit suivre par un parti de cavalerie, qui, l'ayant atteint, le mit en pièces, avec ses enfans, et tous ceux qui

:taient avec lui. Se trouve-t-il un exemple plus tragique de vengeance que celui que je viens de rapporter?

On rapporte d'Amestris une autre action non moins cruelle ni moins impie. Elle fit brûler vifs quatorze enfans des meilleures maisons de Perse, en sacrifice aux dieux infernaux, pour obéir à une coutume superstitieuse usitée chez les Perses.

Masiste étant mort, Xerxès donna le gouvernement de la Bactriane à Hystaspe, son second fils, qui se trouvant par là obligé de vivre loin de la cour, fournit à Artaxerxe son plus jeune frère, l'occasion de monter à son préjudice sur le trône après la mort de leur père, comme on le verra ci-après.

Ici finit l'histoire d'Hérodote, c'est-à-dire à la bataille de Mycale, et au siège de la ville de Seste par les Athéniens.

§. XII. [Av. J.-C. 478.] La guerre, appelée vulgairement la guerre de Médie, qui n'avait duré que deux ans, ayant été terminée comme on l'a vu, les Athéniens, de retour dans leur patrie, y firent revêtir leurs femmes et leurs enfans, qu'ils avaient mis en dépôt ailleurs pendant la guerre, et ils songèrent à rétablir leur ville, qui avait été presque entièrement détruite par les Perses, et à l'environner de bonnes murailles, pour la mettre hors d'insulte. Les Lacédémoniens, en ayant eu avis, entrèrent en jalousie, et commencèrent à craindre qu'Athènes, déja trop puissante sur mer, venant à se fortifier de jour en jour, n'entreprît de leur faire la loi, et de leur enlever l'autorité et la prééminence qu'ils avaient toujours eue jusque là dans la Grèce. Ils députèrent donc vers les Athéniens, pour leur représenter que l'intérêt commun de la Grèce demandait qu'on ne laissât hors du Péloponèse aucune ville fortifiée, de peur qu'en cas d'une seconde irruption, elle ne servît de place d'armes aux Perses, qui ne manqueraient pas de s'y établir, comme ils avaient fait auparavant à Thèbes, et qui de là infesteraient tout le pays, et s'en rendraient bientôt maîtres. Thémistocle, qui, depuis la bataille de Salamine, avait un grand crédit à Athènes, pénétra sans peine dans le véritable dessein des Lacédémoniens, caché sous le faux prétexte

du bien public : mais comme ils étaient
en état, en se joignant aux alliés, d'empêcher par la force l'ouvrage commencé,
si on leur donnait une réponse absolue et
négative, il conseilla au sénat d'user de
ruse aussi bien qu'eux. La réponse fut
donc qu'on enverrait des députés à Lacédémone pour satisfaire la république sur
les craintes et les soupçons qu'elle avait. Il
se fit nommer parmi les députés, et avertit
le sénat de ne pas faire partir ses collègues
avec lui, ni tous ensemble, afin de gagner
du temps, et d'avancer l'ouvrage. La chose
fut ainsi exécutée. Il arriva le premier à
Lacédémone, mais laissa passer plusieurs
jours sans rendre visite aux magistrats, et
sans se transporter au sénat. Et sur ce
qu'on le pressait de le faire, et qu'on lui
demandait les raisons d'un si long délai,
il répondit qu'il attendait que tous ses collègues fussent arrivés pour se rendre conjointement avec eux dans le sénat, et témoigna beaucoup de surprise de ce qu'ils
étaient si long-temps à venir. Ils arrivaient
successivement les uns après les autres.
Pendant tout ce temps-là on presssa extrêmement l'ouvrage à Athènes. Les femmes

les enfans, les étrangers, les esclaves, tous en un mot étaient occupés à ce travail, et l'on ne se donnait de repos ni jour ni nuit. On ne l'ignorait pas à Lacédémone, et l'on en fit de grandes plaintes à Thémistocle, qui nia absolument le fait, et pressa les Lacédémoniens d'envoyer à Athènes de nouveaux députés pour s'assurer par eux-mêmes de ce qui en était; et de ne point s'arrêter à des bruits vagues et confus qui étaient sans fondement. Il fit donner avis sous main à Athènes d'y retenir les députés jusqu'à leur retour comme autant d'otages, craignant avec sujet qu'on ne l'arrêtât lui et ses collègues à Lacédémone. Pour lors, quand tous ses collègues furent arrivés, il demanda audience, et déclara en plein sénat qu'il était vrai que les Athéniens avaient résolu d'environner et de fortifier leur ville de bonnes murailles, que l'ouvrage était presque fini, qu'ils l'avaient jugé d'une nécessité absolue, et pour leur propre sûreté, et pour le bien commun des alliés : qu'après tout ce qui s'était passé on ne pouvait pas les soupçonner de manquer de zèle pour l'intérêt commun ; mais que, la condition de tous les alliés devant être

égale, il était juste que les Athéniens pussent, comme tous les autres, pourvoir à
leur propre sûreté par tous les moyens
qu'ils jugeraient nécessaires; qu'ils l'avaient
fait, et qu'ils étaient en état de défendre
leur ville contre quiconque oserait l'attaquer : qu'au reste, les Lacédémoniens
avaient fort mauvaise grace de vouloir établir leur pouvoir, non sur leurs propres
forces et leur courage, mais sur la faiblesse
de leurs alliés. Ce discours déplut beaucoup
aux Lacédémoniens : mais, soit par un sentiment d'estime et de reconnaissance pour
les Athéniens, qui avaient rendu de si
grands services à la patrie, soit par impuissance de s'opposer à leur entreprise,
ils dissimulèrent; et les députés, renvoyés
de part et d'autre avec honneur, retournèrent dans leur ville.

Thémistocle, toujours attentif à augmenter la puissance et la gloire de la république, ne s'en tint pas aux murs de
la ville; il s'appliqua, avec la même ardeur, à achever de bâtir et de fortifier
le Pirée; car, dès le temps qu'il entra
en charge, il avait commencé ce grand
ouvrage. Avant lui, Phalère était l'unique

port d'Athènes, peu spacieux et peu commode, et qui ne convenait point aux grands
desseins qu'avait Thémistocle. Il tourna
donc ses vues du côté du Pirée, qui semblait l'y inviter par sa situation avanta-
geuse, et par la commodité de ses trois
grands ports, où il pouvait tenir plus
de quatre cents vaisseaux. On y travailla
avec un empressement et une vivacité qui
avança l'ouvrage considérablement en assez peu de temps. Thémistocle fit ordonner aussi que tous les ans on bâtirait vingt
vaisseaux pour augmenter la flotte ; et,
afin d'attirer un grand nombre d'ouvriers
et de matelots dans la ville, il leur fit
accorder des immunités particulières. Son
dessein était, comme je l'ai déja remarqué ailleurs, de tourner toutes les forces
d'Athènes du côté de la mer ; en quoi il
suivit une politique toute contraire à celle
des anciens rois d'Athènes, qui, ne cherchant qu'à éloigner de la marine et de la
guerre leurs citoyens, et à les employer
uniquement à la culture de la terre et
à la paix, publièrent cette fable : que
Minerve, plaidant un jour contre Neptune,
pour savoir qui d'elle ou de lui serait

déclaré patron de l'Attique, et donnerait son nom à la ville nouvellement bâtie, gagua sa cause en montrant à ses juges le rameau d'olivier qu'elle avait planté, heureux symbole de la paix et de l'abondance; au lieu que Neptune avait fait sortir de la terre un cheval fougueux, image du trouble et de la guerre.

§ XIII. Thémistocle, qui avait formé en lui-même le dessein de supplanter les Lacédémoniens, et de substituer les Athéniens à leur place dans le gouvernement de la Grèce, ne perdit point de vue ce grand projet. Peu délicat sur le choix des moyens, il trouvait bonne et légitime toute voie qui pouvait le conduire à ce but. Un jour donc il déclara en pleine assemblée qu'il avait conçu un dessein important, mais qu'il ne pouvait le communiquer au peuple, parce qui, pour le faire réussir, il avait besoin d'un profond secret; il demanda qu'on lui donnât quelqu'un avec qui il pût s'en expliquer. Tous nommèrent Aristide, et s'en rapportèrent entièrement à son avis, tant ils comptaient sur sa probité et sur sa prudence. Thémistocle, l'ayant tiré à part, lui dit qu'il songeait à brûler la flotte des Grecs, qui était dans un port voisin, et que par là Athènes deviendrait certainement maîtresse de toute la Grèce. Aristide retourna à l'assemblée, et déclara simplement que rien ne pouvait être plus utile que le projet de Thémistocle, mais qu'en même temps rien n'était plus injuste. Tout le peuple, d'une commune voix, défendit à Thémistocle de passer outre.

On voit par là que ce ne fut point sans quelque fondement qu'on accorda à Aristide, de son vivant même, le surnom de juste : surnom, dit Plutarque, infiniment préférable à tous ceux que les conquérans recherchent avec tant d'ardeur, et qui approche en quelque sorte l'homme de la divinité.

Au reste, je ne sais si dans toute l'histoire il y a un fait plus digne d'admiration que celui que je viens de rapporter. Ce ne sont point des philosophes, à qui il ne coûte rien d'établir dans leurs écoles de belles maximes et de sublimes règles de morale, qui décident que jamais l'utile ne doit l'emporter sur l'honnête; c'est un peuple entier, interressé dans la proposition qu'on lui fait, qui la regarde comme très importante pour le bien de l'état, et qui néanmoins, sans hésiter un moment, la rejette d'un commun accord par cette unique raison qu'elle est contraire à la justice. Quelle noirceur au contraire, et quelle perfidie dans le dessein que Thémistocle propose, de brûler en pleine paix la flotte des Grecs pour accroître la puissance des Athéniens ! Eût-il encore cent fois plus de mérite qu'on ne lui en donne, cette action suffirait seule pour ternir tout l'éclat de sa gloire : car c'est le cœur, c'est-à-dire la probité et la droiture, qui décide du vrai mérite.

Je suis fâché que Plutarque, qui pour l'ordinaire juge fort sainement des choses, semble ici ne pas condamner Thémistocle. Après avoir parlé des travaux qu'il fit dans le Pirée, il passe ainsi à l'action dont il s'agit : Thémistocle imagina encore quelque chose de plus grand pour augmenter ses forces de mer.

Les Lacédémoniens ayant proposé dans le conseil des Amphictyons que toutes les villes qui n'avaient pas pris les armes contre Xerxès fussent exclues de cette assemblée, Thémistocle, qui craignait que si les Thessaliens, les Argiens et les Thébains n'y étaient plus reçus, les Lacédémoniens ne fussent les maîtres des suffrages, et ne disposassent de tout à leur gré, parla, pour les villes qu'ils voulaient exclure, et fit changer de sentiment aux députés en leur remontrant qu'il n'y avait que trente et une villes qui fussent entrées dans la ligue, dont la plupart étaient fort petites et fort peu considérables : que ce serait donc une chose fort étrange, et même très dangereuse, que, le reste de la Grèce venant à être banni de cette assemblée, cet auguste conseil des Amphictyons tombât en la disposition de deux ou trois villes les plus puissantes, qui, par cette exclusion, donneraient la loi à toutes les autres, et aboliraient l'égalité, que l'on regardait avec raison comme l'ame de toutes les républiques. L'ouverture de cet avis lui attira la haine des Lacédémoniens, qui se déclarèrent ouvertement contre lui.

Il s'était mis mal aussi avec les alliés par la manière dure et avare avec laquelle il avait exigé d'eux des contributions.

Quand la ville d'Athènes fut entièrement rétablie, le peuple, se voyant tranquille et paisible, chercha par toutes sortes de voies à s'emparer du gouvernement, et à le rendre absolument populaire. Cette trame, quoique secrètes, n'échappa point à la vigilance d'Aristide; et il en vit toutes les suites. Mais faisant réflexion, d'un côté, que ce peuple méritait quelque considération à cause de la valeur qu'il avait témoignée dans toutes les batailles qu'on venait de gagner; et, de l'autre, qu'il n'était pas aisé de réduire et de contenir ce même peuple, qui avait les armes à la main, et qui était devenu plus fier que jamais par ses victoires, il crut devoir le ménager et user de tempérament. Il fit donc un décret qui portait que le gouvernement serait commun à tous les citoyens, et que les archontes, qui étaient les premiers magistrats de la république, et qu'on ne choisissait que parmi les plus riches de la république, et parmi ceux qui tiraient au moins de leurs terres cinq cents médimnes, seraient choisis désormais indifféremment et sans distinction parmi tous les Athéniens. En relâchant ainsi quelque chose au peuple, il prévint de funestes dissensions, qui auraient pu causer la ruine d'Athènes et de toute la Grèce.

§ XIV. (Av. J.-C. 470). Les Grecs, animés par l'heureux succès qu'avaient eu partout leurs armes victorieuses, envoyèrent une flotte pour délivrer du joug leurs alliés qui étaient encore sous le pouvoir des Perses. Elle était commandée, pour les Lacédémoniens, par Pausanias : Aristide et Cimon fils de Miltiade y commandaient pour les Athéniens. Elle fit d'abord voile vers l'île de Cypre, et mit toutes ses villes en liberté ; puis tournant sa route vers l'Hellespont, elle attaqua et prit la ville de Byzance, où l'on fit un grand nombre de prisonniers, dont plusieurs étaient des plus riches et des plus considérables seigneurs de Perse.

Pausanias, qui dès lors songeait à trahir sa patrie, crut devoir profiter de cette occasion pour gagner les bonnes graces de Xerxès. Il fit courir le bruit dans l'armée que ces seigneurs persans, qu'il avait confiés à la garde d'un de ses officiers, s'étaient échappés de nuit, et avaient disparu. Il les avait lui-même renvoyés à ce prince avec une lettre où il s'engageait à lui livrer la ville de Sparte et toute la Grèce, à condition qu'il lui donnerait sa fille en mariage. Le roi ne manqua pas de lui faire une réponse favorable, et il lui fit tenir de grosses sommes d'argent pour gagner ceux des Grecs qu'il verrait disposés à entrer dans ses vues. Il chargea Artabaze de toute cette négociation; et, afin de le mettre à portée de la suivre plus facilement et plus sûrement, il lui donna le gouvernement des côtes maritimes de l'Asie mineure.

Pausanias, déja enivré de sa grandeur future, changea dès ce moment de conduite. La vie pauvre, frugale et modeste de Sparte, et l'assujétissement à des lois dures et austères qui n'épargnaient et ne ménageaient personne, et qui étaient également inexorables pour les grands comme pour les petits et les pauvres, tout cela lui devint insupportable. Il craignit, en retournant à Sparte après les souverains commandemens qu'il avait eus, de rentrer dans une égalité qui le confondrait avec les derniers des citoyens; et c'est ce qui

5.

le porta à traiter avec les barbares. Il quitta donc absolument les manières et les mœurs de son pays, prit l'habillement et la fierté des Perses, imita leur somptuosité et leur magnificence. Il traitait les alliés avec une dureté insupportable, ne parlait aux officiers qu'avec hauteur et menaces, se faisait rendre des honneurs extraordinaires, et par cette conduite rendait odieux à tous les alliés le gouvernement des Lacédémoniens. Les manières douces, honnêtes et prévenantes d'Aristide et de Cimon; un éloignement infini de tout air impérieux et fier, qui n'est propre qu'à révolter les esprits; une bonté et une affabilité qui ne se démentait en rien, et par lesquelles ils savaient tempérer l'autorité du commandement et le rendre aimable; l'humanité et la justice qui paraissaient dans toutes leurs actions; l'attention qu'ils avaient à n'offenser personne et à faire du bien à tout le monde, tout cela nuisait infiniment à Pausanias par le contraste, et augmentait le mécontentement. Enfin ce mécontentement éclata, et tous les alliés passèrent sous le commandement des Athéniens, et se mirent sous leur protection. Ainsi, dit Plutarque, Aristide, en opposant à la dureté et à la hauteur de Pausanias beaucoup de douceur et d'humanité, et inspirant à Cimon son collègue les mêmes sentimens, détacha des Lacédémoniens, insensiblement et sans qu'ils s'en aperçussent, l'esprit des alliés, et leur enleva enfin le commandement, non de vive force en employant des armées et des flottes, et encore moins en usant de ruse et de perfidie, mais en rendant aimable, par une conduite sage et douce, le gouvernement des Athéniens.

Les Lacédémoniens, dans cette occasion, firent paraître une grandeur d'ame et une modération qu'on ne peut assez admirer. Car, s'apercevant que la trop grande autorité rendait leurs capitaines fiers et insolens, ils renoncèrent de bon cœur à la supériorité qu'ils avaient eue jusque-là sur les autres Grecs, et cessèrent d'envoyer de leurs chefs pour avoir le commandement des armées, aimant mieux, ajoute l'historien, avoir des citoyens sages, modestes, et parfaitement soumis à la discipline et aux lois du pays, que de conserver la prééminence sur tous les autres Grecs.

§ XV. (Av. J.-C. 475.) Cependant, sur les plaintes qu'ils recevaient de tous côtés au sujet de Pausanias, ils le rappelèrent à Lacédémone, pour lui faire rendre compte de sa conduite. Ils ne purent encore le convaincre d'entretenir des intelligences avec Xerxès. S'étant tiré avec avantage de ce premier jugement, il retourna de son autorité particulière, et sans l'aveu de la république, à Byzance; et de là il continuait ses pratiques secrètes avec Artabaze. Comme il y exerçait encore beaucoup de violences et d'injustices, les Athéniens l'obligèrent d'en sortir. Il se retira à Colone, petite ville de la Troade. Là il reçut ordre des éphores de se rendre à Sparte, sous peine d'être déclaré, en cas de désobéissance, ennemi public et traître à sa patrie. Il s'y rendit dans l'espérance de se tirer encore de ce jugement à force d'argent. On commença par le mettre en prison, puis il fut produit devant les juges. On avait contre lui de violens soupçons et de forts préjugés. Plusieurs de ses esclaves avouaient que Pausanias leur avait promis la liberté, s'ils voulaient entrer dans tous ses desseins, et le servir avec zèle dans l'exécution de se projets. Mais, comme les éphores étaient accoutumés à ne point prononcer peine de mort contre un Spartiate sans une entière évidence, ces preuves ne leur paraissaient point suffisantes, surtout contre un homme de la famille royale, et qui était actuellement en charge; car Pausanias remplissait les fonctions de la royauté, comme tuteur et le plus proche parent de Plistarque, fils de Léonide, encore enfant. Il fut donc élargi.

Pendant que les éphores étaient dans cette incertitude et dans cet embarras, un esclave, nommé l'Argilien, les vint trouver, et leur remit en main une lettre de Pausanias au roi des Perses, dont il était porteur, et qu'il devait rendre à Artabaze. Celui-ci et le Lacédémonien étaient convenus ensemble de ne laisser survivre à leur message aucun des courriers qu'ils s'enverraient réciproquement, pour ôter toute trace de leur commerce. L'Argilien, qui ne voyait revenir aucun de ses camarades, eut quelque soupçon; et, quand son rang fut venu, il ouvrit la lettre dont il était chargé, qui marquait effectivement à Artabaze de le faire mourir dès qu'il la lui aurait rendue. C'est cette lettre, qui fut portée aux éphores. Ils ne se contentèrent pas encore de cette preuve, et voulurent la fortifier par le témoignage même de Pausanias. L'esclave, de concert avec eux, se retira à Ténare, dans le temple de Neptune, comme dans un asile où il serait en sûretè. On y avait ménagé secrètement deux petites loges, où des éphores et quelques Spartiates se cachèrent. Dès que Pausanias eut appris que l'Argilien s'était réfugié dans ce temple, il y courut aussitôt pour en savoir la raison. L'esclave avoua qu'il avait ouvert sa lettre, et que la crainte de la mort dont il était menacé lui avait fait prendre le parti de se réfugier dans le temple. Pausanias, ne pouvant pas nier le fait, s'excusa du mieux qu'il put, lui fit de grandes promesses, et tira de lui parole qu'il tiendrait la chose secrète. Ils se séparèrent de la sorte.

Le crime de Pausanias n'était plus douteux. Dès qu'il fut rentré dans la ville, les éphores se mirent en devoir de l'arrêter. Il reconnut, à l'air du visage de l'un d'eux et à un signe qu'il lui donna, qu'on avait pris quelque fâcheuse résolution contre lui, et courut de toutes ses forces dans le temple de Pallas, surnommée Chalciœcos, qui était voisin, et où il arriva avant qu'on eût pu l'atteindre. L'entrée en fut fermée sur-le-champ avec de grosses pierres, et l'on dit que la mère du coupable fut la première à y en porter. On découvrit aussi le toit de la chapelle. Les éphores n'osant pas l'en tirer de force, de peur de violer la sainteté de cet asile sacré, prirent le parti de l'y laisser mourir de faim et de misère, exposé comme il était aux injures de l'air : ils l'en tirèrent pourtant un moment avant sa mort. Son corps fut enterré dans un lieu voisin ; mais l'oracle de Delphes, qu'ils consultèrent bientôt après, déclara que, pour apaiser la colère de la déesse, justement irritée par le violement de son temple, il fallait y ériger deux statues en l'honneur de Pausanias ; ce qui fut exécuté.

Telle fut la fin de Pausanias, en qui une folle ambition étouffa tous les sentimens de probité, d'honneur, d'amour de la patrie, de zèle pour la liberté, de haine et d'aversion contre les barbares ; sentimens naturels en quelque sorte aux

Grecs, et surtout aux Lacédémoniens.

§. XVI. [Av. J. C. 473.] Thémistocle se trouva aussi enveloppé dans l'accusation qu'on forma contre Pausanias. Il était pour lors en exil. Une violente passion pour la gloire accompagnée d'un vif desir de dominer seul, l'avait rendu fort odieux à ses citoyens. Il avait bâti, tout près de sa maison, un temple à Diane, sous le nom de Diane Aristobule, c'est-à-dire du bon conseil, comme pour avertir les Athéniens qu'il avait donné de bons conseils à leur ville et à toute la Grèce; et il n'avait pas oublié d'y mettre sa statue, qu'on y voyait encore du temps de Plutarque : elle montrait, dit-il, qu'il avait la physionomie aussi héroïque que le courage. Voyant qu'on prêtait volontiers l'oreille à toutes les calomnies que ses ennemis répandaient contre lui, il ne cessait, pour leur fermer la bouche, de parler dans toutes les assemblées des services qu'il avait rendus à sa patrie; et comme on était las de l'entendre toujours rebattre les mêmes choses : hé! vous lassez-vous, leur disait-il, de recevoir souvent du bien des mêmes personnes? Il ne faisait pas réflexion que

leur remettre si souvent ses bienfaits devant les yeux, c'était presque leur repro-
cher qu'ils les avaient oubliés, ce qui n'est
point obligeant; et il paraissait ignorer
que le moyen sûr d'être loué, c'est de laisser ce soin aux autres, et de ne songer
qu'à faire des choses louables ; et qu'une
fréquente mention de ses propres vertus
et de ses grandes actions, loin de calmer
l'envie, n'est propre qu'à l'irriter.

Thémistocle, banni d'Athènes par l'ostracisme, se retira à Argos. C'est pendant
qu'il y demeurait que Pausanias fut poursuivi comme un traître qui avait conjuré
contre sa patrie. Il avait d'abord caché sa
trame à Thémistocle, quoiqu'il fût un de
ses meilleurs amis; mais, dès qu'il le vit
chassé, et plein de ressentiment pour cette
injure, il lui communiqua ses projets, et le
pressa d'y entrer. Pour l'y engager, il lui
fit voir les lettres que lui écrivait le roi de
Perse, et tâcha de l'animer contre les Athéniens, en lui exagérant leur injustice et leur
ingratitude. Thémistocle rejeta bien loin
la proposition de Pausanias, et refusa
absolument de prendre aucune part à ses
desseins; mais il lui garda le secret, et ne

découvrit à personne les discours qu'il lui avait tenus, ni l'entreprise qu'il avait faite, soit qu'il espérât qu'il y renoncerait de lui-même, ou qu'il ne doutât pas qu'il ne fût bientôt découvert par quelque autre voie, une entreprise aussi hasardeuse et aussi mal concertée que celle-là ne pouvant jamais avoir une bonne issue.

Pausanias ayant été mis à mort, on trouva parmi ses papiers des lettres et d'autres écrits qui donnaient beaucoup de soupçon contre Thémistocle. Les Lacédémoniens envoyèrent des députés à Athènes pour l'accuser et le faire condamner à mort; et les envieux qu'il avait parmi ses citoyens se joignirent à ses accusateurs. Aristide avait alors une belle occasion de se venger des mauvais traitemens qu'il avait reçus de son rival, s'il eût été sensible à ce cruel plaisir; mais il refusa constamment d'entrer dans un si noir complot, aussi éloigné de jouir avec une secrète joie de l'infortune de son adversaire qu'il l'avait été auparavant de s'affliger de ses heureux succès. Thémistocle répondait par lettres à toutes les calomnies dont il était chargé, et représentait aux Athéniens qu'ayant toujours cherché à dominer, et n'étant pas d'humeur à se laisser maîtriser par d'autres, il n'y avait aucune apparence qu'il eût voulu se livrer lui-même, et livrer la Grèce entière à des ennemis et des barbares.

Cependant le peuple, persuadé par ses accusateurs, envoya des gens pour se saisir de sa personne et pour l'amener, afin qu'il fût jugé par le conseil de la Grèce. Thémistocle, qui en fut averti assez à temps, passa dans l'île de Corcyre, à laquelle il avait rendu autrefois quelque service; mais, ne s'y trouvant pas en sûreté, il s'enfuit en Epire; et se voyant encore poursuivi par les Athéniens et les Lacédémoniens, il prit, par un coup de désespoir, un parti fort hasardeux, en se réfugiant chez Admète, roi des Molosses. Ce prince ayant autrefois demandé quelque secours aux Athéniens, et ayant été honteusement refusé par Thémistocle, qui avait alors la principale autorité, en avait conservé un vif ressentiment, et témoigné qu'il s'en vengerait, s'il en trouvait une occasion favorable; mais Thémistocle, qui jugea que, dans l'état où il se trouvait, l'envie encore toute récente de ses citoyens était plus à craindre pour lui que l'ancienne haine de ce roi, voulut bien en courir le risque. Quand il arriva dans son palais, ayant appris qu'il était absent, il s'adressa à la reine, qui le reçut avec bonté, et lui enseigna la manière dont il devait faire sa supplique. Au retour d'Admète, Thémistocle prend entre ses bras le fils du roi, s'assied, au milieu de son foyer, entre ses dieux domestiques; et là, déclarant qui il était, et pour quel sujet il s'était réfugié chez lui, il implore sa clémence, reconnaît que sa vie et sa mort sont entre ses mains, l'exhorte à oublier le passé, et lui représente que rien n'est plus digne d'un grand roi que d'user de clémence. Admète, surpris et touché de voir à ses pieds, dans une posture si humiliante, le plus grand homme de la Grèce et le vainqueur de l'Asie, le releva aussitôt, et lui promit sa protection. En effet, les Athéniens et les Lacédémoniens étant venus le redemander, il refusa absolument de leur livrer un suppliant et un hôte qui s'était réfugié dans son palais dans l'espérance d'y trouver un asile sacré et inviolable.

Pendant qu'il était à la cour de ce prince, un des ses amis trouva moyen d'enlever d'Athènes sa femme et ses enfans, qu'il lui envoya; et pour cet enlèvement il fut traduit en justice quelque temps après, et condamné à mort. Pour ce qui est de ces biens, ses amis en sauvèrent la plus grande partie, qu'ils lui firent tenir dans la suite au lieu de sa retraite; mais tout ce qu'on en put découvrir, qui montait à cent talens, fut porté au trésor public. Il ne possédait pas la valeur de trois talens lorsqu'il entra dans le gouvernement de la république. Je laisse quelque temps cet illustre banni chez Admète pour reprendre la suite de l'histoire.

§ XVII. J'ai dit auparavant que le commandement de la Grèce avait passé de Sparte à Athènes. Jusque-là les villes et les peuples de la Grèce avaient bien contribué de quelques sommes d'argent pour fournir aux frais de la guerre contre les barbares ; mais cette répartition avait toujours causé de grands mécontentemens, parce qu'elle ne se faisait pas avec assez d'égalité. On jugea à propos, sous le nouveau gouvernement, de placer dans l'île de Délos le trésor public et commun de la Grèce, d'établir un nouvel ordre pour les finances, et de fixer une taxe qui serait réglée sur le revenu de chaque ville et de chaque peuple, afin que, les charges étant également réparties sur tous les membres qui composaient le corps des alliés, personne n'eût un juste sujet de se plaindre. Il s'agissait de trouver un homme capable de s'acquitter dignement d'une fonction si importante pour le bien public, si délicate, et si pleine de dangers et d'inconvéniens. Tous les alliés jetèrent les yeux sur Aristide; ils lui donnèrent un plein pouvoir, et s'en rapportèrent entièrement à sa prudence et à sa justice pour imposer à chacun sa taxe.

On n'eut pas lieu de se repentir d'un tel choix. Il administra les finances avec la fidélité et le désintéressement d'un homme qui regarde comme un crime capital de toucher au bien d'autrui; avec l'attention et l'activité d'un père de famille qui gouverne son propre revenu; avec la réserve et la religion d'une personne qui respecte les deniers publics comme sacrés. Enfin, ce qui est aussi difficile que rare, il vint à bout de se faire aimer dans un emploi où c'est beaucoup que de ne se pas rendre odieux. C'est le glorieux témoignage que Sénèque rend à une personne chargée à peu près d'un pareil emploi, et le plus bel éloge que l'on puisse faire d'un surintendant ou contôleur-général des finances. On y reconnaît le portrait d'Aristide. Il montra tant d'équité et de sagesse dans l'exercice de ce ministère, que personne ne se plaignit; et dans la suite on regarda toujours ce temps comme le siècle d'or, c'est-à-dire comme le bon et l'heureux temps de la Grèce. En effet, la taxe, qu'il avait fixée en tout à quatre cent soixante talens, fut portée par Périclès à six cents, et bientôt après jusqu'à treize cents talens; non que les frais de la guerre montassent plus haut, mais parce qu'on faisait beaucoup de dépenses inutiles en distributions manuelles au peuple d'Athènes, en célébrations de jeux et de fêtes, en constructions de temples et d'édifices publics, et que d'ailleurs les mains de ceux qui touchaient les deniers publics n'étaient pas toujours si pures ni si nettes que celles d'Aristide. Cette conduite si sage et si équitable lui assura le glorieux surnom de juste.

Plutarque néanmoins rapporte une action d'Aristide qui fait voir que les Grecs, et il en faut dire autant des Romains, avaient une idée très limitée et très imparfaite de la justice. Ils en bornaient l'usage à l'intérieur de la société civile, et convenaient que de particulier à particulier on était tenu d'en garder rigoureusement toutes les règles. Mais, quant à la patrie, à la république, qui était leur grande idole à laquelle ils rapportaient tout, ils pensaient tout autrement, et croyaient, par principe, devoir lui sacrifier non-seulement leurs biens et leur vie, mais la religion même et les engagemens les plus sacrés, au mépris des sermens les plus solennels : c'est ce qui paraît clairement dans le fait je que vais exposer.

Après la répartition des tributs dont je viens de parler, Aristide, ayant réglé tous les articles de l'alliance, fit jurer les alliés qu'ils les observeraient de point en point, et, il jura lui-même pour les Athéniens ; en prononçant les malédictions qui accompagnaient les sermens il jeta dans la mer, selon la coutume, des masses de fer tout ardentes·

ais dans la suite les affaires forçait les A-
héniens à violer quelques-uns de ces arti-
les, et à gouverner un peu plus despotique-
ent, il les exhorta à rejeter sur lui ces ma-
édictions et à se décharger par là de la peine
ue à un parjure que la nécessité de leurs
ffaires exigeait nécessairement. En géné-
al (c'est toujours Plutarque qui parle),
héophraste écrit que cet homme, qui,
ans tout ce qui le regardait en parti-
ulier, et dans toutes les affaires de ses
itoyens, se piquait d'une exacte et ri-
oureuse justice, faisait dans le gouver-
ement de la république plusieurs choses
elon l'exigence des cas, et selon qu'il était
xpédient à la patrie, qui, selon lui, avait
quelquefois besoin de recourir à l'injus-
ice pour se soutenir; et il en rapporte
n exemple. Un jour, comme on délibérait
lans le conseil de faire porter à Athènes,
ontre le traité, les trésors communs de
a Grèce qui étaient en dépôt à Délos,
es Samiens en ayant ouvert l'avis, quand
e fut à lui à parler, il dit que cela était
njuste, mais utile, et fit prévaloir l'avis.
Ce fait nous montre de quelles ténèbres
a prétendue sagesse des païens était ac-
ompagnée.

Pour ce qui regarde le mépris des richesses, il est difficile de le porter plus loin qu'il le fit. Thémistocle, à qui les ouanges d'autrui ne faisaient pas plaisir, voyant qu'on relevait avec beaucoup d'admiration le noble désintéressement d'Aristide dans l'administration des finances, ne fit que s'en moquer, faisant entendre que les louanges qu'on lui donnait sur cela ne marquaient en lui que le mérite d'un coffre-fort, qui garde fidèlement l'argent qu'on lui confie sans en rien retenir. Cette froide raillerie était une puérile vengeance d'un mot qui l'avait fort piqué. Car Thémistocle disait un jour qu'il estimait que la plus grande qualité d'un général d'armée était de savoir pressentir et prévoir les desseins des ennemis. « Cette qualité est nécessaire, repartit « Aristide ; mais il en est une autre véritablement belle et digne d'un général ; « c'est d'avoir les mains nettes, et de ne « se laisser pas dominer par l'argent. » Aristide était en droit de lui parler ainsi, lui qui, après avoir passé par des emplois si lucratifs pour les autres, était réellement pauvre. Il paraissait aimer la pau-

reté par goût et par estime ; et loin
l'en rougir, il n'en tirait pas moins de
loire que de tous ses trophées et de tou-
es les victoires qu'il avait remportées.
.'histoire nous en fournit une preuve très
clatante.

Callias, très proche parent d'Aristide,
t le plus opulent citoyen d'Athènes, fut
ppelé en jugement. Son accusateur, in-
istant peu sur le fond de la cause, lui
aisant surtout un crime de ce que, riche
comme il était, il n'avait pas de honte
le laisser dans l'indigence Aristide, aussi
bien que sa femme et ses enfans. Callias, voyant que ses reproches faisaient
beaucoup d'impression sur l'esprit des
juges, somma Aristide de venir déclarer
devant eux s'il n'était pas vrai qu'il lui
avait plusieurs fois présenté de grosses
sommes d'argent, et l'avait pressé avec
instance de vouloir les accepter, et s'il
ne les avait pas toujours constamment re-
fusées, en lui répondant qu'il se pouvait
vanter à meilleur titre de sa pauvreté
que de son opulence ; que l'on pouvait
rouver assez de gens qui usaient bien de
eurs richesses, mais qu'on en rencontrait

peu qui portassent la pauvreté avec courage, et même avec joie, et qu'il n'y avait que ceux qui étaient pauvres malgré eux, ou par leur faute, pour avoir été paresseux, intempérans, prodigues, déréglés, qui pussent en rougir. Aristide avoua que tout ce que son parent venait de dire était vrai, et il ajouta qu'une disposition d'ame qui retranche tout desir des choses superflues, et qui resserre les besoins de la vie dans les bornes les plus étroites, outre qu'elle délivre de mille soins importuns, et laisse une liberté entière de ne s'occuper que des affaires publiques approche en quelque sorte l'homme vertueux de la divinité même, et qui est sans soins et sans besoins. Il n'y eut personne dans l'assemblée qui n'en sortît avec cette pensée et ce sentiment intérieur, qu'il eût mieux aimé être Aristide avec sa pauvreté que Callias avec toutes ses richesses.

Plutarque rapporte ici en abrégé un témoignage bien glorieux que Platon rend à la vertu d'Aristide, pour laquelle il le préfère infiniment à tous les autres grands hommes qui ont vécu de son temps. Car, dit-il, Thémistocle, Cimon et Périclès,

nt rempli leur ville de superbes bâtimens, de portiques, de statues, de richesses, d'ornemens, et d'autres vaines
superfluités de ce genre; mais Aristide a
travaillé à la remplir de vertus. Or, pour
procurer à une ville un véritable bonheur, il faut la rendre vertueuse, et non
pas riche.

Le même Plutarque observe encore un
autre trait de la vie d'Aristide, qui, tout
simple qu'il est, lui fait beaucoup d'honneur, et peut-être d'une grande instruc-
tion. C'est dans le beau traité où il exa-
mine si les vieillards doivent continuer
à se mêler du gouvernement, et où il
montre d'une manière admirable les différens services qu'ils peuvent encore
rendre à l'état, quoique dans un âge
avancé. Il ne faut pas s'imaginer, dit-il,
que, pour rendre service à ses citoyens,
il soit nécessaire de se donner beaucoup
de mouvement, de haranguer le peuple,
d'occuper les premières places, de commander les armées. Un sage vieillard,
sans même sortir de sa maison, peut y
exercer une sorte de magistrature, obs-
cure et secrète à la vérité, mais qui n'en

est pas moins importante, en formant la jeunesse par ses conseils; et lui traçant la route qu'elle doit tenir dans le maniement des affaires. Aristide, ajoute Plutarque, ne fut pas toujours en charge, mais il fut toujours utile à sa patrie. Sa maison était une école publique de vertu, de sagesse, de politique. Elle était ouverte à tous les jeunes gens d'Athènes qui avaient bonne volonté, et qui allaient le consulter comme un oracle. Il les recevait avec bonté, il les écoutait avec patience, il les instruisait familièrement, et s'appliquait surtout à leur relever le courage et à leur inspirer de la confiance. On marque en particulier qu'il rendit cet important service à Cimon, dont le nom depuis devint si célèbre.

Plutarque * partageait en trois âges la vie des hommes d'état, des hommes destinés à gouverner. Il voulait que, dans le premier, ils s'instruisissent des prin-

---

* Il applique en cette occasion ce qui se pratiquait à Rome, où les vestales passaient les dix premières années à apprendre leurs fonctions dans une espèce de noviciat, les dix suivantes à les exercer, et les dix autres à les enseigner aux jeunes novices.

ipes du gouvernement ; que, dans le se-
ond, ils les missent en pratique, et que,
lans le dernier, ils en instruisissent les
iutres.

L'histoire ne nous dit rien de positif
ii sur le temps, ni sur le lieu de la mort
l'Aristide ; mais elle rend à sa mémoire
un témoignage bien glorieux, en marquant
que ce grand homme, qui avait eu les
premières charges de la république, et
qui avait manié les finances avec une autorité absolue, mourut pauvre, et ne
aissa pas même de quoi se faire enterrer.
Il fallut que l'état fît les frais de ses funérailles, et se chargeât de faire subsister
sa famille. Ses filles furent mariées, et
Lysimaque son fils entretenu aux dépens
du Prytanée, qui assigna aussi à la fille
de ce dernier, après sa mort, le même
entretien qu'on donnait à ceux qui avaient
vaincu aux jeux olympiques. Plutarque
rapporte en cette occasion ce que firent les
Athéniens en faveur de la postérité d'Aris-
togiton, leur libérateur, tombée dans la
pauvreté; et il ajoute que de son temps
encore, c'est-à-dire près de six cents ans
après, ils faisaient paraître la même bonté

et la même libéralité. Grand éloge pour une ville, de s'être conservée si long-temps généreuse et reconnaissante ; et puissant motif pour enflammer le courage des particuliers, qui se voyaient assurés de laisser à leurs enfans les récompenses que la mort les aurait empêchés de recevoir eux-mêmes ! Il était beau de voir les arrière-neveux des libérateurs et des défenseurs de la république, qui n'avaient reçu de leurs pères d'autre héritage que la gloire de leurs belles actions, entretenus encore long-temps après aux dépens du public, en considération des services que leur famille avait rendu à l'état. Ils subsistaient de la sorte bien plus honorablement, et rappelaient avec bien plus d'éclat la mémoire de leurs ancêtres, qu'une infinité d'autres citoyens à qui leurs pères n'avaient songé qu'à laisser de grandes richesses, lesquelles pour l'ordinaire ne survivent pas de beaucoup à ceux qui les ont acquises, et ne laissent souvent à leur postérité que l'odieuse mémoire des injustices dont elles sont le fruit.

Le plus grand honneur que l'antiquité ait fait à Aristide, est de l'avoir surnommé *le juste.* Ce ne fut point quelque occasion particulière , mais le gros de sa conduite et le corps de ses actions , qui lui valut ce titre illustre. Plutarque fait ici une réflexion bien remarquable , et que je ne crois pas devoir omettre.

De toutes les vertus d'Aristide , dit cet auteur sensé, la plus connue , et celle qui se fit le plus sentir, fut sa justice, parce que c'est la vertu dont l'usage est le plus continuel, dont les fruits se répandent sur un plus grand nombre de personnes , et qui est comme le fondement et l'ame de tout emploi et de toute administration publique. De là vint que, quoique pauvre, et du simple peuple , il mérita le surnom de *juste* ; surnom , dit Plutarque , véritablement royal , ou , pour mieux dire , véritablement divin , mais que les princes et les grands n'ambitionnent guère , parce qu'ils n'en connaissent pas la beauté et l'excellence. Ils aiment mieux qu'on les appelle des preneurs de villes *, des foudres de guerre, des vainqueurs et des conquérans , quelquefois même des aigles et des lions; préférant ainsi le vain honneur de

---

* Poliorcètes. Ceraunus. Nicanor.

ces titres fastueux, qui n'annoncent que violence et ravage, à la solide gloire de ceux qui marquent la bonté et la vertu. Ils ignorent, continue toujours Plutarque, que des trois principaux attributs de la Divinité, dont les rois se font honneur d'être l'image, je veux dire l'immortalité, la puissance, la justice; que de ces trois attributs, dont le premier excite notre admiration et nos desirs, le second nous remplit de crainte et de frayeur, le troisième nous inspire l'amour et le respect, le dernier est le seul qui soit véritablement et personnellement communiqué à l'homme, et le seul qui puisse le conduire aux deux autres, l'homme ne pouvant devenir véritablement immortel et puissant qu'en devenant juste.

Avant que de reprendre la suite de l'histoire, il n'est pas hors de propos de remarquer que c'est à peu près dans le temps dont nous parlons ici que la réputation de la Grèce, plus célèbre encore par la sagesse de son gouvernement que par l'éclat de ses victoires, porta les Romains à avoir recours à ses lumières. Rome; formée sous les rois, manquait des lois nécessaires à la bonne constitution d'une république. Elle envoya des députés pour rechercher les lois des villes de la Grèce, et surtout celles d'Athènes, plus conformes au gouvernement populaire, qui avait été établi depuis l'expulsion des rois. Sur ce modèle, dix magistrats, qu'on créa sous le nom de décemvirs avec une autorité absolue, rédigèrent les lois des douze tables, qui sont le fondement et la source du droit romain.

§ XVIII. (Av. J.-C. 473.) Les mauvais succès qu'avait eus Xerxès dans son expédition contre la Grèce, et qui avaient continué depuis, lui abattirent enfin le courage. Renonçant à tout projet de guerre et de conquête, il se livra entièrement au luxe et à la mollesse, et ne pensa plus qu'à ses plaisirs. Artabane *, Hyrcanien de naissance, capitaine de ses gardes, et depuis long-temps un de ses premiers favoris, s'aperçut que cette conduite lui avait attiré le mépris de ses sujets, et crut que c'était une occasion favorable de conspirer contre son maître ; et il porta ses vues ambitieuses jusqu'à se flatter de remplir sa

* Ce n'est pas Artaban, oncle de Xerxès.

place et de monter sur son trône. Une autre raison put bien aussi le porter à ce crime. Xerxès lui avait ordonné de faire mourir Darius, l'aîné de ses fils : l'histoire ne nous apprend point pour quelle raison. Comme cet ordre avait été donné au milieu d'un repas et dans la chaleur du vin, il crut que Xerxès l'oublierait, et il ne se hâta pas de l'exécuter. Mais il se trompa : le roi se plaignit de n'avoir point été obéi. Artabane craignit donc son ressentiment, et crut devoir le prévenir. Il engagea dans son complot Mithridate, l'un des eunuques du palais, et grand-chambellan du roi ; et, par son moyen, il entra dans la chambre où couchait le prince, et le tua pendant qu'il dormait. De là il alla trouver Artaxerxe, troisième fils de Xerxès. Il lui apprit le meurtre de son père, et en chargea Darius, son frère aîné, comme si l'impatience de régner l'eût porté à commettre ce parricide. Il ajoutait que, pour se mettre pleinement en sûreté, son dessein était de se défaire encore de lui, qu'ainsi il était nécessaire qu'il se tînt sur ses gardes. Ces discours ayant fait sur Artaxerxe, encore jeune,

toute l'impression que souhaitait Artabane, il alla sur-le-champ dans l'apparte-
ment de son frère, et, soutenu par Artabane et par ses gardes, il l'égorgea. Hystaspe, second fils de Xerxès, était celui à
qui la couronne appartenait après Darius;
mais comme il se trouvait alors dans la
Bactriane, dont il était gouverneur, Artabane mit Artaxerxe sur le trône, dans l'in-
tention de ne l'y laisser que jusqu'à ce
qu'il eût formé un parti assez fort pour l'en
chasser et y monter lui-même. La grande
autorité dont il avait joui lui avait acquis
un grand nombre de créatures. Il avait
outre cela sept fils, tous grands de taille,
bien faits, pleins de force et de courage,
et élevés aux plus grandes dignités de l'empire. Le secours qu'il s'en promettait était
principalement ce qui l'avait porté à ce
dessein ambitieux. Mais, pendant qu'il se
hâtait de l'amener à sa fin, Artaxerxe,
ayant découvert ce complot par le moyen
de Mégabyze, qui avait épousé une de ses
sœurs, travailla à le prévenir, et le tua
avant qu'il eût pu exécuter sa trahison. Par
sa mort ce prince s'affermit dans la possession du royaume.

Nous venons de voir périr Xerxès, un des princes les plus puissans qui aient jamais été. Je n'ai pas besoin de prévenir le lecteur sur le jugement qu'il en faut porter. On voit autour de lui tout ce qu'il y a de plus grand et de plus éclatant selon les hommes : le plus vaste empire qui fût alors sur la terre, des richesses immenses, des armées de terre et de mer dont le nombre paraît incroyable. Tout cela est autour de lui, non en lui, et n'ajoute rien à ses qualités naturelles. Mais, par un aveuglement trop ordinaire aux grands et aux princes, né dans l'abondance de tous les biens avec une puissance sans bornes, dans une gloire qui ne lui avait rien coûté, il s'était accoutumé à juger de ses talens et de son mérite personnel par les dehors de sa place et de son rang. Il méprise les sages conseils d'Artabane, son oncle, et de Démarate, qui seuls ont le courage de lui dire la vérité, et il se livre à des courtisans adorateurs de sa fortune, et uniquement occupés à le flatter dans ses passions. Il mesure et prétend régler le succès de ses entreprises sur l'étendue de son pouvoir. La soumission

servile de tant de peuples ne pique plus
son ambition, et, dégoûté d'une obéissance trop prompte et trop facile, il se
plaît à exercer sa domination sur les élé-
mens, à percer les montagnes et à les
rendre navigables, à châtier la mer pour
avoir rompu son pont, à entreprendre fol-
lement d'en captiver les flots par des
chaînes qu'il y fait jeter. Plein d'une vanité puérile et d'un orgueil ridicule, il se
regarde comme le maître de la nature : il
croit qu'aucun peuple n'osera attendre
son arrivée ; il compte avec une présomp-
tueuse et folle assurance sur les millions
d'hommes et de vaisseaux qu'il traîne
après lui. Mais quand, après la bataille
de Salamine, il vit les tristes restes et les
honteux débris de ses troupes innombra-
bles répandus dans toute la Grèce, il comprit quelle différence il y avait entre une
armée et une foule d'hommes. En un mot,
pour bien juger de Xerxès, il ne faut que
le mettre à côté d'un simple bourgeois
d'Athènes, d'un Miltiade, d'un Thémistocle, d'un Aristide. D'un côté est tout le
bon sens, la prudence, l'habileté dans le
métier de la guerre, le courage, la gran-

deur d'ame ; de l'autre, on ne voit que vanité, orgueil, entêtement, une bassesse de sentimens qui fait pitié, et quelquefois même une brutalité et une barbarie qui font horreur.

LIVRE SEPTIÈME.

SUITE DE L'HISTOIRE DES PERSES ET DES GRECS.

Ce livre renferme dans les chapitres I et III l'histoire des Perses et des Grecs pendant quarante-huit ans et quelques mois, qui est le temps que dura le règne d'Artaxerxe Longue-Main, dont les six dernières années concoururent avec les six premières de la guerre du Péloponèse. Cet espace s'étend depuis l'an du monde 3531 jusqu'à l'an 3579.

Le deuxième chapitre renferme les autres affaires des Grecs arrivées, tant en Sicile qu'en Italie, pendant l'intervalle marqué ci-dessus.

CHAPITRE PREMIER.

Ce chapitre renferme l'histoire des Perses et des Grecs, depuis le commencement du règne d'Artaxerxe jusqu'à la guerre du Péloponèse , qui commença la quarante-deuxième année du règne de ce prince.

§ I. (Av. J.-C. 473.) Les historiens grecs donnent à ce prince le surnom de Longue-Main; selon Strabon, à cause que ses mains étaient si longues, qu'étant tout droit, il en pouvait toucher ses genoux; selon Plutarque, parce qu'il avait la main droite plus longue que l'autre. A cela près, il passait pour le plus bel homme de son temps; mais on vantait encore plus sa bonté et sa générosité. Il régna près de quarante-neuf ans.

Quoique Artaxerxe se vît délivré, par la mort d'Artabane, d'un dangereux compétiteur, il lui restait encore deux obstacles à vaincre avant que d'être paisible possesseur de la couronne : l'un dans son frère Hystaspe, gouverneur de la Bactriane, l'autre dans le parti d'Artabane. Il commença par le dernier.

Artabane avait laissé sept fils et un grand nombre de partisans, qui ne tardèrent pas à s'assembler pour venger sa mort. Il y eut entre eux et ceux qui tenaient pour Artaxerxe une sanglante bataille, dans laquelle un grand nombre de nobles persans perdirent la vie. Artaxerxe ayant pris enfin le dessus, extermina tous ceux qui étaient entrés dans cette conjuration; il tira surtout une vengeance exemplaire de ceux qui avaient eu part au meurtre de son père, et particulièrement de l'eunuque Mithridate, qui l'avait trahi. Il le fit mourir du supplice des auges; ce qui se faisait de cette manière. On mettait le criminel à la renverse dans une auge; et, après l'avoir fortement attaché aux quatre coins, on le couvrait d'une autre auge, à la réserve de la tête, des pieds et des mains qui sortaient par des trous faits exprès. Dans cette posture incommode, on lui présentait la nourriture nécessaire, qu'on le forçait de prendre malgré lui. Pour boisson, on lui donnait du miel détrempé dans du lait, et on lui en frottait tout le visage, ce qui attirait sur lui une quantité incroyable de mouches, d'autant plus qu'il était toujours exposé aux rayons ardens du soleil. Les vers, engendrés de ses excrémens, lui rongeaient les entrailles au-dedans. Ce supplice durait ordinairement quinze ou vingt jours, pendant lesquels le patient souffrait des tourmens indicibles.

Artaxerxe, ayant dissipé le parti d'Artabane, se trouva en état d'envoyer une armée dans la Bactriane, qui soutenait le parti de son frère; mais il n'y eut pas le même succès. Les deux armées en étant venues aux mains, Hystaspe conserva si bien son terrain, que, s'il ne remporta pas la victoire, il n'eut aussi aucun désavantage; de sorte que les deux armées se séparèrent avec un succès égal, et se retirèrent chacune de son côté pour se préparer à un second combat. Artaxerxe, ayant assemblé une plus grande armée que son frère, et ayant d'ailleurs tout l'empire pour lui, le défit dans une seconde bataille, et ruina entièrement son parti. Cette victoire le rendit paisible possesseur de l'empire.

Pour se maintenir, il déposa tous les gouverneurs des villes et des provinces qu'il soupçonnait d'avoir eu quelque liaison avec l'un ou l'autre des partis qu'il venait d'exterminer, et il leur en substitua d'autres en qui il avait une parfaite confiance. Il s'appliqua ensuite à réformer les abus et les désordres qui s'étaient introduits dans le gouvernement. Par une conduite si pleine de sagesse et de zèle pour le bien public, il s'acquit bientôt une grande réputation et une grande autorité, et il s'attira l'amour de ses sujets qui est le principal soutien du pouvoir des souverains.

§ II. Ce fut vers ce prince que Thémistocle se réfugia, selon Thucydide, et au commencement de son règne; car d'autres auteurs, comme Strabon, Plutarque, Diodore, placent cet évènement sous Xerxès son prédécesseur. M. Prideaux se range de leur côté, et il croit aussi que l'Artaxerxe dont nous parlons est le prince que l'Ecriture appelle Assuérus, et dont Esther fut l'épouse; au lieu que nous supposons, avec le savant Ussérius, que ce fut Darius, fils d'Hystaspe, que cette illustre juive épousa. J'ai déja déclaré bien des fois que

je n'entrais pas dans ces sortes de disputes.
je m'en tiens donc sur la retraite de Thémistocle en Perse, aussi bien que sur l'histoire d'Esther, au sentiment d'Ussérius,
mon guide ordinaire.

Nous avons vu que Thémistocle s'était
retiré chez Admète, roi des Molosses, qui
l'avait fort bien reçu. Les Athéniens et les
Lacédémoniens ne l'y laissèrent pas en
repos, et le redemandèrent à ce prince
avec menace, s'il le refusait, de porter la
guerre dans son pays. Admète, qui ne
voulait point s'attirer sur les bras de si
formidables ennemis, et encore moins
trahir son hôte, l'avertit du danger où il
était, et favorisa sa fuite. Thémistocle arriva par terre à Pydne, ville de la Macédoine, et là il s'embarqua sur un vaisseau
marchand qui allait en Ionie. Il n'était
point connu des passagers. Ce vaisseau
ayant été porté par la tempête près de l'île
de Naxe, qui était alors assiégée par les
Athéniens, le pressant danger où il se vit
l'obligea de déclarer qui il était au maître
du vaisseau et au pilote, et, tant par prières
que par menaces, il les força de passer
outre, et de tenir la route d'Asie.

8.

Thémistocle put se souvenir alors d'un mot que son père lui avait dit lorsqu'il était encore fort jeune, pour l'avertir de ne pas compter beaucoup sur la faveur du peuple. Ils se promenaient ensemble le long du port. En lui montrant de vieilles galères jetées et abandonnées sur le rivage : Voyez-vous, mon fils? lui dit-il, voilà comment le peuple en use à l'égard de ses conducteurs, quand il n'en tire plus aucun service.

Il arriva donc à Cume, ville d'Eolie dans l'Asie mineure. Le roi de Perse avait mis sa tête à prix et promis deux cents talens à qui la lui livrerait. Toute la côte était pleine de gens qui l'observaient pour le prendre. Il s'enfuit à Æges, petite ville d'Eolie, où il n'était connu de personne que de son hôte Nicogène, le plus riche du pays, et qui avait de grandes relations avec tous les seigneurs de la cour de Perse. Il demeura quelques jours caché chez lui, jusqu'à ce qu'il le fit conduire en sûreté et avec bonne escorte à Suse, dans un de ces chariots couverts dans lesquels les Perses, qui étaient fort jaloux, avaient accoutumé de mener leurs femmes; ceux qui le conduisaient publiant qu'ils menaient à un grand seigneur de la cour une jeune dame grecque.

Quand il fut arrivé à la cour de Perse, il s'adressa au capitaine des gardes, et lui dit qu'il était Grec de nation, et qu'il venait pour parler au roi d'affaires importantes qui regardaient son service. L'officier l'avertit d'une cérémonie dont il savait que quelques Grecs étaient blessés, mais qui était absolument nécessaire pour parler au prince en personne : c'était de se prosterner profondément devant lui. « Car, « dit-il, notre loi nous ordonne d'honorer « ainsi le roi, et de l'adorer comme une « image vivante du Dieu immortel qui en- « tretient et conserve toutes choses. » Thémistocle y consentit. Quand on l'eut admis à l'audience, il se prosterna profondément devant le roi, et l'adora; puis se relevant : « Grand roi *, dit-il, par un « truchement, je suis Thémistocle, Athé- « nien, qui, ayant été banni par les Grecs, « viens ici chercher un asile. J'ai fait à la

* Thucydide lui fait dire à peu près les mêmes choses, mais dans une lettre qu'il avait écrite au roi avant que de lui parler. (I, § 137.)

« vérité beaucoup de maux aux Perses,
« mais je ne leur ai pas fait moins de bien
« par les salutaires avis que je leur ai fait
« donner plus d'une fois ; et je suis en état
« de leur rendre encore de plus grands ser-
« vices que jamais. Mon sort est entre vos
« mains. Vous pouvez montrer ici ou votre
« clémence, ou votre colère. Par l'une vous
« sauverez votre suppliant, par l'autre
« vous perdrez le plus grand ennemi de la
« Grèce. »

Le roi ne lui répondit rien sur l'heure, quoiqu'il fût rempli d'admiration pour son grand sens et sa hardiesse : mais on dit qu'avec ses amis il se félicita de cette aventure comme d'un très grand bonheur, et qu'il pria son dieu Arimanius d'envoyer toujours à ses ennemis de semblables pensées, et de les porter à se défaire ainsi de leurs plus grands personnages. On ajoute que, s'étant couché, l'excès de sa joie fit qu'il s'écria trois fois tout endormi : J'ai Thémistocle l'Athénien.

Le lendemain, dès la pointe du jour, il manda les plus grands seigneurs de sa cour, et fit appeler Thémistocle, qui ne s'attendait à rien que de triste, surtout depuis que l'un des gardes, après qu'il eut entendu son nom, lui eut dit la veille dans la salle même du roi qu'il venait de quitter : Serpent de Grèce, plein de ruse et de malice, la fortune du roi t'amène ici. Mais la sérénité qui paraissait sur le visage du roi ne lui annonçait rien que d'heureux. En effet il lui fit un accueil très favorable, et lui dit qu'il commençait par lui donner deux cents talens, somme qu'il avait promise à quiconque le lui livrerait, et qui, par cette raison, lui était due, puisqu'il avait apporté lui-même sa tête en se livrant à lui. Il lui ordonna ensuite de lui parler des affaires de la Grèce. Mais Thémistocle, ne pouvant s'expliquer que par le moyen d'un interprète, pria le roi de lui permettre d'apprendre la langue persane, espérant qu'alors il pourrait être en état d'expliquer mieux lui-même ce qu'il avait à lui communiquer ; qu'il ne pouvait faire par le moyen d'un autre. Il en est, dit-il, du discours de l'homme comme d'une tapisserie à personnages, qui a besoin d'être déployée et développée pour faire voir ce qu'elle renferme. Cette grace lui ayant été accordée, Thémistocle, dans l'espace d'un an, apprit si bien la langue du pays, qu'il parvint à parler le persan plus élégamment que les Perses mêmes, et il fut en état dans la suite de s'entretenir avec le roi sans truchement. Ce prince lui marqua une estime et une considération extraordinaires. Il lui fit épouser une dame des plus nobles familles de Perse : il lui donna une maison et un équipage convenables, et lui assigna les revenus nécessaires pour s'entretenir honorablement. Il le menait avec lui à la chasse, le mettait de tous ses plaisirs et de tous ses divertissemens, et s'entretenait souvent avec lui en particulier, jusqu'à donner de la jalousie et de l'inquiétude aux grands seigneurs de sa cour. Il le présenta même aux princesses, qui l'honorèrent de leur affection, et lui donna les entrées chez elles. On rapporte, comme une marque particulière de faveur, que par son ordre spécial il fut admis à entendre les leçons et les discours des mages, et instruit par eux dans tous les secrets de leur philosophie.

On cite encore une autre preuve de son crédit. Démarate de Sparte, qui était dans ce même temps à la cour, ayant eu ordre du roi de lui demander un présent, il le supplia de lui permettre de faire son entrée à cheval dans la ville de Sardes avec la tiare royale sur la tête : vanité ridicule, également indigne de la noblesse d'un Grec et de la simplicité d'un Lacédémonien ! Le roi, choqué de l'insolence de cette demande, témoigna son mécontentement d'une manière fort vive, et parut ne vouloir jamais lui pardonner : mais Thémistocle, ayant intercédé pour lui, le remit dans ses bonnes graces.

Enfin, le crédit de Thémistocle fut si grand, que sous les règnes suivans, où les affaires des Perses furent encore plus mêlées avec celles des Grecs, lorsque les rois voulaient attirer quelque Grec à leur service, ils lui écrivaient et lui promettaient en propres termes qu'il serait plus grand auprès d'eux que Thémistocle ne l'avait été auprès du roi Artaxerxe.

On dit aussi que Thémistocle, parvenu à ce haut degré de faveur, honoré et recherché de tout le monde, qui s'empressait à lui faire la cour, dit un jour à ses enfans, voyant sa table magnifiquement servie : « Mes enfans, nous périssions, si nous n'eussions péri. »

Mais enfin, comme on crut que l'intérêt du roi demandait que Thémistocle fît son séjour dans quelqu'une des villes de l'Asie mineure, pour y être à portée de lui rendre service dans l'occasion, on l'envoya à Magnésie, située sur le Méandre, et on lui assigna pour son entretien, outre tous les revenus de cette ville qui étaient de cinquante* talens par an, ceux de Myunte et de Lampsaque. L'une de ces villes devait lui fournir son pain, l'autre son vin, la troisième sa viande. Quelques auteurs en ajoutent deux autres pour ses meubles et pour ses habits. Telle était la coutume des anciens rois d'Orient : au lieu de pensions, ils donnaient à ceux qu'ils voulaient gratifier des villes, et quelquefois même des provinces, qui, sous le nom de pain, de vin, etc., devaient leur fournir abondamment tout ce qui était nécessaire pour entretenir leur maison et leur train avec magnificence. Thémistocle passa quelques années à Magnésie dans l'abondance et dans la splendeur, jusqu'à ce qu'il y finît ses jours de la manière que l'on verra dans la suite.

* Cinquante mille écus.

§ III. (Av. J-C. 471.) Athènes, qui venait de perdre un de ses plus considérables citoyens et de ses meilleurs généraux par la retraite de Thémistocle, chercha à réparer cette perte en confiant le commandement des armées à Cimon, qui ne lui était point inférieur en mérite.

Ses premières années ne lui avaient pas fait d'honneur, ni donné de lui une grande idée. L'exemple de cet illustre Athénien, dont la jeunesse fut fort décriée, et qui dans la suite se fit un si grand nom, montre que les dérangemens de cet âge ne doivent pas faire désespérer d'un jeune homme, surtout lorsqu'on y remarque un fonds d'esprit, un bon cœur, des inclinations droites, et de l'estime pour les personnes de mérite. Or tel était le caractère de Cimon. Sa mauvaise réputation ayant indisposé le peuple contre lui, il en fut dabord très mal reçu; et rebuté d'un si fâcheux accueil, il songeait à renoncer absolument aux affaires publiques. Aristide, découvrant en lui de grandes qualités à travers ses défauts, le consola, lui rendit l'espérance, le remit dans la voie, s'appliqua particulièrement à le former,

et ne contribua pas peu , par les instruc-
tions qu'il lui donna, et par l'affection
qu'il ne cessa de lui témoigner, à le rendre tel qu'on le vit dans la suite : service
des plus importans qu'il pût rendre à sa
patrie !

Plutarque observe qu'après ces premiers
éclats il n'y eut rien dans les mœurs de
Cimon que de grand et de noble ; qu'il
ne céda ni à Miltiade en courage et en
hardiesse, ni à Thémistocle en prudence
et en bon sens, mais qu'il fut plus juste
et plus homme de bien que ni l'un ni l'autre ; et que, ne leur étant en rien inférieur
dans les vertus militaires, il les surpassa
de beaucoup tous deux dans les vertus
morales.

Ce serait un grand avantage pour un
état, que ceux qui excellent dans chaque
profession se fissent un plaisir et un devoir d'instruire et de former les jeunes
gens en qui ils connaissent de bonnes dispositions. Par là ils trouveraient le moyen
de continuer à la patrie leurs services,
même après leur mort, et d'y perpétuer
par leurs élèves le goût du vrai mérite et
la pratique des bonnes règles.

Peu de temps après la retraite de Thémistocle, les Athéniens, ayant mis en mer une flotte sous le commandement de Cimon, fils de Miltiade, conquirent Éïone sur le Strymon, Amphipolis, et d'autres endroits de la Thrace : et comme ce pays était très fertile, Cimon y établit une colonie, et y fit passer dix mille Athéniens.

Le sort d'Éïone est trop singulier pour n'être pas rapporté ici. Bogès* en était gouverneur pour le roi de Perse. Il témoigna à son maître un attachement et une fidélité qui ont peu d'exemples. Assiégé par Cimon et par les Athéniens, il pouvait faire une capitulation honorable, et se retirer en Asie avec tous ses effets et toute sa famille. Il ne crut pas qu'en honneur il le pût faire, et résolut de périr plutôt que de se rendre. Il essuya de rudes attaques, se défendit toujours avec un courage incroyable. Quand il vit que les vivres lui manquaient absolument, il jeta du haut

---

* Plutarque l'appelle *Butès*. Hérodote paraît placer cette histoire sous Xerxès ; mais il y a plus d'apparence qu'elle est arrivée sous Artaxerxe, son successeur.

des murs dans le fleuve Strymon tout l'or
et l'argent qui était dans la ville ; puis il
fit allumer un bûcher, et ayant égorgé sa
femme et ses enfans, et tous ceux qui composaient sa maison, il les fit jeter au milieu des flammes, et s'y précipita lui-
même. Le roi ne cessait d'admirer et de
déplorer en même temps une si merveilleuse générosité. Les payens pouvaient
l'appeler ainsi : mais c'est plutôt férocité
et barbarie.

Cimon se rendit maître aussi de l'île de
Scyros, où il trouva les os de Thésée, fils
d'Égée, qui, s'enfuyant d'Athènes, s'é-
tait retiré dans cette île et y était mort.
Un oracle avait ordonné qu'on en fît la
recherche. Il les fit charger dans sa galère,
les orna magnifiquement, et les porta
ainsi dans sa patrie près de huit cents ans
depuis que Thésée en était parti. Le peuple les reçut avec de grandes marques de
joie, et, pour conserver la mémoire de
cet évènement, il établit une dispute de
poètes tragiques qui fut très célèbre, et
qui contribua beaucoup à perfectionner
le théâtre par l'émulation extraordinaire
qu'elle jeta entre les écrivains dont les

ragédies y étaient représentées. Car Sophocle, encore jeune, ayant fait jouer
alors sa première pièce, l'archonte qui
présidait à ces jeux, voyant parmi les
spectateurs de grandes brigues et de
grandes partialités, engagea Cimon et les
autres généraux ses collègues, qui tous
étaient au nombre de dix, un de chaque
tribu, à faire la fonction de juges. Le prix
fut adjugé à Sophocle ; ce qui causa un si
grand chagrin et une si grande douleur à
Eschyle, qui jusque-là avait primé sur
le théâtre, qu'il ne put plus souffrir le
séjour d'Athènes. Il en partit, se retira en
Sicile, et y mourut.

Les alliés avaient fait quantité de prisonniers sur les barbares dans les villes de
Seste et de Byzance, et pour faire honneur
à Cimon, ils le prièrent de faire le partage du butin. Cimon mit d'un côté les
prisonniers tout nus, et de l'autre tous
leurs ornemens et toute leur dépouille.
Les alliés se plaignirent d'abord de ce
partage, comme y trouvant trop d'inéga-
lité : mais Cimon leur donna le choix. Ils
prirent sans hésiter les ornemens des
Perses, et laissèrent les prisonniers aux

9.

Athéniens. Cimon partit donc avec le lot qui était resté, passant pour un homme fort mal habile et mal entendu à faire des partages : car les alliés emportaient beaucoup de chaînes, de colliers et de bracelets d'or, quantité de riches vêtemens et de beaux manteaux de pourpre ; et les Athéniens n'avaient pour leur part que des corps tout nus, et qui étaient peu propres au travail. Mais bientôt après on vit arriver de la Phrygie et de la Lydie les parens et les amis de ces prisonniers, qui les rachetèrent jusqu'au dernier avec de grosses sommes d'argent ; de sorte que des deniers provenus de cette rançon Cimon eut de quoi entretenir sa flotte quatre mois, et qu'il y eut encore beaucoup d'or de reste pour le trésor public, sans compter ce qui lui en revint à lui-même. Il prenait plaisir dans la suite à raconter lui-même cette aventure, et il la rapportait toujours avec une sorte de complaisance.

Il faisait de ses biens un usage que le rhéteur Gorgias marque en peu de mots, mais d'une manière vive et élégante. « Cimon, dit-il, amassait des richesses pour s'en servir, il s'en servait pour se faire estimer et honorer. » On peut voir ici en passant quel était le but, quelle était l'ame des plus belles actions du paganisme, et combien Tertullien avait raison de définir un payen, quelque parfait qu'il parût, un animal vain et glorieux : *animal gloriæ*. Cimon voulait que ses vergers et ses jardins fussent ouverts en tout temps aux citoyens, afin qu'ils pussent y prendre les fruits qui leur conviendraient. Il avait tous les jours une table servie frugalement, mais honnêtement. Elle ne ressemblait en rien à ces tables somptueuses et délicates, où l'on n'admet que des personnes de distinction et en petit nombre, uniquement pour faire parade de sa magnificence ou de son bon goût. La sienne était simple, mais abondante, et tous les pauvres bourgeois de la ville y étaient indifféremment reçus. En bannissant ainsi de ses repas tout ce qui sentait le faste, le luxe, les délices, il se ménageait un fonds inépuisable, non-seulement pour les dépenses nécessaires de sa maison, mais pour les besoins de ses amis, de ses domestiques et d'un très grand nombre

de citoyens : montrant par là qu'il connaissait bien mieux que la plupart des
riches la destination naturelle des richesses et de leur véritable usage.

Il se faisait toujours suivre de quelques
domestiques, qui avaient ordre de glisser
secrètement quelque pièce d'argent dans
la main des pauvres qu'on rencontrait, et
de donner des habits à ceux qui en manquaient. Souvent aussi il pourvut à la sé-
pulture de ceux qui étaient morts sans
avoir laissé de quoi se faire inhumer. Et
ce qui est admirable, et que Plutarque
ne manque pas d'observer, c'est qu'il ne
faisait point tout cela pour se rendre puissant parmi le peuple, ni pour acheter
ces suffrages, puisqu'en toute occasion on
le vit toujours déclaré pour la faction contraire, c'est-à-dire pour celle des citoyens les plus considérables par leurs
richesses et par leur crédit.

Quoiqu'il vît tous les autres gouverneurs
de son temps enrichis par les concussions
et par les voleries qu'ils faisaient sur le
public, il se maintint pourtant toujours
incorruptible, conserva ses mains pures
non-seulement de toute concussion, mais

encore de tout présent, et continua jusqu'à la fin de sa vie de faire et de dire
gratuitement et sans aucune vue d'intérêt tout ce qui était utile et expédient pour
la république.

Cimon joignait à beaucoup d'autres excellentes qualités un grand sens, une rare
prudence, et une profonde connaissance
du génie et du caractère des hommes.
Outre les sommes d'argent auxquelles chacun des alliés était taxé, ils devaient encore fournir un certain nombre d'hommes
et de vaisseaux. Plusieurs d'entre eux,
qui, depuis la retraite de Xerxès, ne res-
piraient plus que le repos et ne songeaient
plus qu'à cultiver leurs terres, pour se
délivrer des fatigues et des dangers de la
guerre, aimaient mieux fournir de l'argent que des hommes, et laissaient aux
Athéniens le soin de remplir de soldats et
de rameurs les vaisseaux qu'ils étaient
obligés de donner. Les autres généraux,
sans prévoyance et sans vue pour l'avenir, les chagrinèrent d'abord, et voulurent les réduire à l'exécution littérale du
traité. Cimon, quand il fut en place, garda
une conduite tout opposée. Il les laissa

jouir tranquillement de la paix, sentant bien que les alliés, de braves guerriers qu'ils étaient auparavant, ne seraient plus propres qu'au labourage et au trafic, pendant que les Athéniens, qui auraient toujours la rame ou les armes à la main, s'aguerriraient de plus en plus, et deviendraient de jour en jour plus puissans. Ce qu'il avait prévu ne manqua pas d'arriver, et ce furent ces peuples même qui, à leurs propres frais et dépens, se donnèrent des maîtres, et, de compagnons et d'alliés qu'ils étaient, devinrent en quelque sorte sujets et tributaires des Athéniens.

(Av. J.-C. 470.] Il n'y eut jamais de capitaine grec qui rabaissât la fierté et la puissance du grand roi de Perse comme le fils Cimon. Après que les barbares eurent été chassés de la Grèce, il ne leur laissa pas le temps de respirer ; mais il les poursuivit vivement avec une flotte de plus de deux cents voiles, leur enleva leurs plus fortes places, et leur débaucha tous leurs alliés ; en sorte qu'il ne demeura pas un homme de guerre pour le roi de Perse dans toute l'Asie, depuis le pays d'Ionie jusqu'en Pamphylie. Poussant toujours sa pointe, il eut la hardiesse d'aller attaquer la flotte ennemie, quoique beaucoup plus nombreuse que la sienne. Elle était près de l'embouchure du fleuve Eurymédon, composée de trois cent cinquante voiles, et soutenue de l'armée de terre campée sur le rivage. Elle fut bientôt mise en déroute. On prit plus de deux cents vaisseaux, sans compter ceux qui furent coulés à fond. Plusieurs des Perses s'étaient jetés hors de leurs vaisseaux pour aller joindre leur armée de terre qui était sur le rivage. C'était une entreprise très hasardeuse que de tenter une descente en présence de l'ennemi, et de mener des troupes déja fatiguées par un long combat contre des troupes fraîches et supérieures en nombre. Mais Cimon, voyant que toute l'armée demandait d'aller contre les barbares, crut devoir profiter de l'ardeur de ses soldats, que ce premier succès avait extrêmement animés. Il les mit donc à terre *, et il mena droit contre les bar-

---

* On ne voit pas que les anciens se servissent de chaloupes pour faire leurs descentes, apparemment parce que leurs galères, étant plates, abordaient sans peine.

bares, qui les attendirent de pied ferme, et soutinrent le premier choc avec beaucoup de valeur. Mais enfin, obligés de plier, ils prirent la fuite. Le carnage fut grand : on fit un nombre infini de prisonniers et un butin immense. Cimon, ayant dans un seul jour remporté deux victoires qui égalaient presque la gloire des deux journées de Salamine et de Platée, alla pour y mettre le comble, au-devant d'un renfort de quatre-vingts vaisseaux phéniciens qui venaient de Cypre pour joindre la flotte des Perses, et ne savaient rien de ce qui s'était passé. Ils furent tous pris ou coulés à fond, et presque tous les soldats tués ou noyés.

Cimon, après ces glorieux exploits, retourna triomphant à Athènes, et employa une partie des dépouilles à fortifier le port et à embellir la ville : digne usage des richesses qu'un général amasse dans ses campagnes, et qui lui fait sans comparaison beaucoup plus d'honneur que s'il les employait à se bâtir à lui-même de magnifiques palais, qui tôt ou tard passeraient à des étrangers, au lieu que ces ouvrages, construits pour l'utilité publique,

ni appartiennent en quelque manière
pour toujours, et font passer son nom jusqu'à la postérité la plus réculée. De tels
embellissemens dans une ville plaisent
infiniment au peuple, toujours sensible
comme on le sait, à ces sortes de décorations; et c'est, comme Plutarque l'observe
en parlant de Cimon, un des moyens les
plus sûrs et en même temps les plus légi-
times de gagner son amitié et de s'en faire
estimer.

(Av. J.-C. 469.) L'année suivante, ce
général fit voile vers l'Hellespont, et, ayant
chassé les Perses de la Chersonèse de
Thrace, dont ils s'étaient emparés, il soumit aux Athéniens ce pays-là, quoiqu'il y
eût lui-même plus de droit du chef de
Miltiade son père qui en avait eu la souve-
raineté. Il attaqua ensuite ceux de l'île de
Thase, qui s'étaient révoltés contre les
Athéniens, et défit leur flotte. Ils soutinrent leur révolte avec un acharnement qui
a peu d'exemples. Comme s'ils avaient eu
affaire à des ennemis cruels et barbares
dont ils eussent les dernières extrémités à
craindre, ils décernèrent peine de mort
contre le premier qui parlerait de traiter

avec les Athéniens. Le siège dura trois ans, et fit souffrir à ces malheureux citoyens tous les plus cruels maux de la guerre, sans pouvoir vaincre leur opiniâtreté. Les femmes secondèrent leurs efforts avec la même ardeur; et comme on manquait de cordes pour les machines, elles coupèrent toutes de bon cœur leurs chevelures, et les employèrent à cet usage. La famine, étant devenue extrême dans la ville, enlevait tous les jours un grand nombre d'habitans. Hégétoride, Thasien, voyant avec douleur périr ses concitoyens, n'hésita point à sacrifier sa vie pour le salut de sa ville. Il se mit la corde au cou, et se présentant à l'assemblée : « Mes compatriotes, « dit-il, faites de moi ce qu'il vous plaira, « et ne m'épargnez pas, si vous le jugez à « propos; mais sauvez le reste du peuple « par ma mort, en abolissant la loi meur– « trière que vous avez publiée contre « votre propre intérêt. » Les Thasiens, touchés de ce discours, abolirent la loi, et n'eurent garde de souffrir qu'il en coûtât la vie à un si généreux citoyen. Il se rendirent aux Athéniens, qui leur laissèrent la vie sauve, et se contentèrent de démanteler leur ville.

Après que Cimon eut débarqué ses troupes sur le rivage opposé de la Thrace, il
se saisit de toutes les mines d'or de ce
côté-là, et soumit tout le pays jusqu'en
Macédoine. Il aurait pu en tenter la conquête, et il paraît qu'il ne lui aurait pas
été difficile de se rendre maître d'une
partie de ce royaume, s'il eût voulu profiter de l'occasion. Aussi, pour l'avoir né-
gligée, fut-il, à son retour à Athènes, appelé en jugement, comme s'il se fût laissé
corrompre par l'argent des Macédoniens
et d'Alexandre leur roi. Il était bien éloigné d'une telle prévarication, et il se jus-
tifia pleinement.

(Av. J.-C. 466.) Les conquêtes de Cimon, et la puissance des Athéniens, qui
prenait tous les jours de nouveaux accrois-
semens, donnaient beaucoup d'inquiétude
à Artaxerxe. Pour en prévenir les suites,
il songea à envoyer Thémistocle dans l'Attique à la tête d'une nombreuse armée, et
il lui en fit faire la proposition.

Thémistocle se trouva dans un grand
embarras. D'un côté, la vue des bienfaits
et des faveurs dont le roi l'avait comblé,
la parole positive qu'il lui avait donnée de

le servir avec zèle dans l'occasion, l'ordre pressant du roi qui le sommait de sa promesse, ne lui laissaient pas la liberté de refuser cette commission. D'un autre côté, l'amour de la patrie, que les mauvais traitemens et l'injustice de ses citoyens n'avait pu étouffer en lui, la peine qu'il avait à flétrir la gloire de ses grandes actions et de ses anciens trophées par une si honteuse démarche, peut-être aussi la crainte de ne pas réussir dans une guerre où il aurait en tête d'excellens généraux, et surtout Cimon, qui jusque-là avait toujours été aussi heureux que brave : toutes ces pensées ne lui permettaient pas de se déclarer contre sa patrie dans une entreprise dont le succès, quel qu'il fût, ne pouvait tourner qu'à sa honte.

Pour se délivrer de ce cruel embarras, il résolut de mettre fin à sa vie *, ne trouvant que cet unique moyen de ne point manquer ni à ce qu'il devait à sa patrie, ni à ce que le prince avait droit d'exiger de lui. Il fit donc un sacrifice solennel, auquel il invita tous ses amis; et, après les avoir embrassés

* Les plus sages du paganisme ne croyaient pas qu'il fût permis de se donner la mort à soi-même.

et leur avoir dit les derniers adieux il but
du sang de taureau, ou selon d'autres, il
avala un poison fort prompt, et mourut
ainsi à Magnésie, âgé de soixante-cinq ans,
dont il avait passé la plus grande partie
dans le gouvernement de la république, et
dans le commandement des armées. Le roi,
ayant appris la cause et la manière de sa
mort, l'estima et l'admira encore davantage,
et continua de traiter favorablement ses
amis et ses domestiques. Mais cette mort
inopinée mit obstacle au dessein qu'il avait
d'attaquer les Grecs. Les Magnésiens éle-
vèrent à Thémistocle, dans la place publique, un magnifique tombeau, et accordè-
rent à ses descendans des privilèges et des
honneurs particuliers. Ils en jouissaient encore du temps de Plutarque, c'est-à-dire
depuis près de six cents ans, et le tombeau
subsistait encore.

Atticus, dans le beau dialogue de Cicéron, intitulé Brutus, réfute avec esprit et
agrément la manière tragique dont, après
quelques écrivains, je viens de raconter la
mort de Thémistocle, prétendant que c'é-
tait une pure fiction inventée par des rhé-
teurs, lesquels, sur le simple bruit qui

avait couru que ce grand homme était mort de poison, avaient fourni le reste de leur propre fonds pour embellir ce récit, qui sans cela, n'aurait rien eu d'intéressant ni de piquant. Il s'en tint au sentiment de Thucydide, historien sensé, qui était d'Athènes même, et presque contemporain. Cet auteur ne dissimule pas à la vérité le bruit qui avait couru du poison; mais il croit qu'il mourut simplement de maladie, et que ses amis transportèrent secrètement ses os à Athènes, où du temps de Pausanias, on voyait encore son tombeau près du grand port. Ce récit paraît bien plus vraisemblable.

Thémistocle a été certainement un des plus grands hommes qui aient paru dans la Grèce. Il avait l'ame grande; un courage invincible, et que le danger même rendait plus ferme; une ardeur incroyable pour la gloire, que l'amour du bien public sut pourtant quelquefois lui faire modérer, mais qui le porta aussi quelquefois trop loin; une présence d'esprit qui lui montrait dans l'instant même le parti qu'il fallait prendre; enfin, une pénétration dans l'avenir qui lui découvrait clairement les desseins les plus cachés des ennemis, qui lui faisait prendre de loin des mesures justes pour les déconcerter, et qui lui inspirait des vues nobles, grandes, hardies, étendues, pour l'honneur de sa patrie. Les qualités du cœur, qui sont les essentielles, lui manquaient, je veux dire la probité, la sincérité, la droiture, la bonne foi. Il ne fut pas aussi exempt de soupçons d'avarice; ce qui est une grande tache dans la vie d'une homme d'état.

On rapporte de lui néanmoins une belle action et une belle parole, qui marquent un sentiment noble et désintéressé. Sa fille étant recherchée en mariage, il préféra un honnête homme pauvre à un riche dont la réputation était suspecte, et dit que dans le choix d'un gendre il aimait mieux du mérite sans bien que du bien sans mérite.

§ IV. (Av. J.-C. 460.) Cependant les Egyptiens, pour se délivrer du joug des étrangers qu'ils ne portaient qu'avec une extrême impatience, se révoltèrent contre Artaxerxe, et prirent Inarus, prince des Lybiens, pour leur roi. Ils appelèrent à leur secours les Athéniens, qui ayant alors une flotte de deux cents vaisseaux à l'île de Cypre, répondirent avec plaisir à cette invitation, et firent voile aussitôt vers l'Egypte, jugeant cette occasion très favorable pour affaiblir la puissance des Perses en les chassant d'un si beau royaume.

(Av. J.-C. 459.) A la nouvelle de cette révolte, Artaxerxe assembla une armée de trois cent mille hommes, résolu de marcher lui-même contre les rebelles. Ses amis lui ayant conseillé de ne point hasarder sa personne, il confia le soin de cette expédition à Achéménide, l'un de ses frères. Quand celui-ci fut arrivé en Egypte, il campa avec sa nombreuse armée sur les bords du Nil. Dans ces entrefaites, les Athéniens, ayant défait en mer la flotte des Perses, détruit ou pris cinquante de leurs vaisseaux, remontèrent ce fleuve, mirent leurs troupes à terre, sous le commandement de Charimitis, leur général; et, s'étant joints à Inarus et à ses Égyptiens, ils fondirent tous ensemble sur Achéménide, et le défirent dans un grand combat, où ce général persan et cent mille de ses soldats perdirent la vie. Ceux qui échappèrent se sauvèrent à Memphis. Les vainqueurs les y poursuivirent, et se rendirent maîtres d'a-bord de deux parties de la ville. Mais les Perses, s'étant fortifiés dans la troisième, appelée *la muraille blanche*, qui était la plus grande et la plus forte des trois, y soutinrent un siège de près de trois ans, pendant lequel ils se défendirent vaillam-ment, jusqu'à ce qu'ils furent délivrés par ceux qu'on envoya à leur secours.

[Av. J.-C. 458.] Artaxerxe, ayant ap-pris la défaite de son armée et la part que les Athéniens y avaient eue, pour faire diversion de leurs forces et les empêcher d'agir contre lui, envoya des ambassadeurs aux Lacédémoniens, avec une grande somme d'argent, pour les porter à faire la guerre aux Athéniens. Les Lacédémo-niens n'y ayant point voulu entendre, ce refus ne ralentit point son ardeur. Il char-gea Mégabyse et Artabane du commande-ment des troupes pour la guerre d'Égypte. [Av. J.-C. 457.] Ils ne perdirent point de temps, et formèrent en Cicilie et en Phéni-cie une armée de trois cent mille hommes. Il fallut attendre que la flotte fût prête; ce qui traîna jusqu'à l'année suivante.

(Av. J.-C. 456.) Alors Artabaze en prit le commandement, et fit voile vers le Nil, pendant que Mégabyse, avec l'armée de terre, prit la route de Memphis. Il en fit lever le siège, et livra bataille ensuite à Inarus. Toutes les troupes de part et d'autre se trouvèrent à cette action. Inarus y fut entièrement défait : le carnage, qui fut grand, tomba principalement sur les Egyptiens révoltés. Après cette défaite, Inarus, quoique blessé par Mégabyse fit sa retraite avec les Athéniens et ceux des Egyptiens qui voulurent le joindre, et gagna Byblos, ville située dans l'île de Prosopitis, qui est formée par deux bras du Nil, tous deux navigables. Les Athéniens mirent leur flotte dans un de ces bras, où elle était à couvert des insultes de l'ennemi, et soutinrent dans cette île un siège d'un an et demi.

Après la bataille, tout le reste de l'Egypte s'était soumis au vainqueur, et remis sous l'empire du roi Artaxerxe, excepté Amyrtée, qui avait encore un petit parti dans les marais, où il se maintint long-temps, par la difficulté que trouvèrent les Perses à pénétrer jusqu'à lui pour le réduire.

(Av. J.-C. 454.) Le siège continuait toujours à Prosopitis. Les Perses, voyant qu'ils n'avançaient rien par la méthode ordinaire, parce qu'ils avaient affaire à des gens qui ne manquaient ni de cœur ni d'adresse à se bien défendre, eurent recours à un expédient extraordinaire, qui fit bientôt ce que la force n'avait pu faire. Ils saignèrent, par divers canaux, le bras du Nil dans lequel était la flotte athénienne et la mirent à sec ; et ils ouvrirent par là un passage à toute leur armée pour entrer dans l'île. Inarus, se voyant perdu, composa avec Mégabyse, pour lui, pour tous ses Egyptiens, et pour environ cinquante Athéniens, et se rendit à condition qu'on leur laisserait la vie sauve. Le reste des troupes auxiliaires, qui faisait un corps de six mille hommes, prit le parti de se défendre encore ; et pour cet effet, ils mirent le feu à leurs vaisseaux, et se rangèrent en bataille, résolu de périr l'épée à la main, et de vendre bien cher leur vie, à l'imitation des Lacédémoniens qui s'étaient fait tuer aux Thermopyles. Les Perses, qui virent cette résolution désespérée, ne jugèrent pas à propos de les charger. On leur fit offrir la paix, en leur promettant qu'on leur accorderait de sortir d'Égypte, et qu'on leur laisserait un passage libre pour retourner dans leur pays, soit par mer, soit par terre. Ils acceptèrent ces conditions, mirent les vainqueurs en possession de Byblos et de toute l'île, et s'en allèrent par terre à Cyrène, où ils s'embarquèrent pour la Grèce. Mais la plupart des troupes qui avaient été employées dans cette expédition y périrent.

Ce né fut pas encore tout ce que les Athéniens y perdirent. Une autre flotte de cinquante voiles qu'ils envoyaient au secours de leurs gens assiégés, entra dans une des bouches du Nil fort peu de temps après que la place eut été rendue, dans le dessein d'aller les dégager, ne sachant encore rien de ce qui était arrivé. A peine y était-elle entrée, que la flotte des Perses, qui tenait la mer, vint l'y attaquer par derrière pendant que l'armée lui faisait des décharges de traits de dessus les bords de la rivière. Il n'en échappa que quelques vaisseaux qui percèrent au travers de la flotte ennemie, et tout le reste y périt. Ainsi finit la funeste guerre que les Athéniens firent en Egypte, et qui dura six ans. Après cela l'Egypte retourna sous le joug des Perses, et y demeura pendant tout le reste du règne d'Artaxerxe. C'en était pour lors la vingtième année (Av. J.-C. 454.) Mais le sort des prisonniers qu'on avait faits dans cette guerre fut bien triste.

§ V. (Av. J.-C. 448.) Artaxerxe, après avoir résisté pendant cinq ans aux vives sollicitations et aux importunités continuelles de sa mère, qui lui demandait Inarus et les Athéniens qui avaient été pris avec lui en Egypte, pour les sacrifier aux mânes de son fils Alchéménide, les lui accorda enfin : aveugle et cruelle faiblesse d'un prince qui se rend perfide pour être complaisant, et qui, malgré les remords de sa conscience, viole son serment et le droit des gens, de peur d'affliger une mère injuste! Cette princesse inhumaine, sans aucun égard pour la foi donnée, fit crucifier Inarus, et trancher la tête à tout le reste. Mégabyse en fut au désespoir. Comme il leur avait donné sa parole qu'il ne leur serait fait aucun mal, l'affront retombait principalement sur lui. Il quitta la cour , et se retira en Syrie, dont il était gouverneur ; et son mécontentement alla jusqu'à lever une armée et se révolter ouvertement.

[Av. J.-C. 447.] Le roi envoya contre lui Osiris avec une armée de deux cent mille hommes. Cet Osiris était un des grands seigneurs de sa cour. Mégabyse lui livra bataille , le blessa, le fit prisonnier, et mit en fuite son armée. Artaxerxe le fit redemander, et Mégabyse le lui renvoya généreusement dès qu'il fut guéri.

[Av. J.-C. 446.] L'année suivante, le roi envoya contre lui une autre armée dont il donna le commandement à Ménostane, fils d'Artarius, frère du roi, et gouverneur de Babylone. Ce général ne fut pas plus heureux que l'autre. Il fut aussi battu et mis en fuit; et cette victoire de Mégabyse ne fut pas moindre que la précédente.

Artaxerxe voyant qu'il ne pouvait le réduire par la force, lui envoya son frère Artarius et sa sœur Amytis , qui était femme de Mégabyse, avec plusieurs autres personnes de la première qualité, pour le porter à rentrer dans son devoir. Leur né rociation réussit : le roi lui pardonna, il revint à la cour.

Un jour qu'ils étaient à la chasse, un lion s'étant levé sur ses jambes de derrière, prêt à s'élancer sur le roi, Mégabyse, effrayé du danger où il le voyait, par affection et par zèle pour lui, lança un dard, et tua le lion. Artaxerxe, sous prétexte qu'il avait manqué de respect pour son prince en frappant la bête avant lui, ordonna qu'on lui tranchât la tête. Sa sœur Amytis et sa mère Amestris eurent bien de la peine à obtenir que cette sentence fût mitigée et changée en un exil perpétuel. Il fut envoyé à Cyrta, ville située sur la mer Rouge, et condamné à y finir ses jours. Mais, au bout de cinq ans, il se sauva déguisé en lépreux, et revint chez lui à Suse, où, par le moyen de sa femme et de sa belle-mère, il rentra encore en grace, et même en faveur. Il s'y conserva jusqu'à sa mort, qui arriva quelques années après, dans sa soixante et seizième année. Il fut extrêmement regretté du roi et de toute la cour. C'était le plus habile homme du royaume, aussi bien que le meilleur capitaine. Artaxerxe lui devait et la couronne et la vie ;

mais il est bien dangereux à un sujet que son maître lui ait de trop grandes obligations. Ce fut ce qui causa tous les malheurs qui arrivèrent à Mégabyse.

On est surpris de voir qu'un prince d'un esprit aussi solide qu'était Artaxerxe, ait été capable de prendre jalousie contre un seigneur de sa cour, parce que, dans une partie de chasse, il avait frappé le premier la bête qu'on poursuivait. Y a-t-il une faiblesse pareille à celle-là? et est-ce là placer en roi le point d'honneur? Cependant l'histoire nous en fournit plusieurs exemples. Un mot de Plutarque me ferait croire qu'Artaxerxe eut honte de l'excès furieux où cette fausse délicatesse de gloire l'avait porté, et qu'il en fit une espèce de réparation publique : car, selon cet auteur, il déclara par une ordonnance qu'il serait permis à quiconque assisterait à la chasse avec le prince de lancer le premier un trait contre la bête, s'il le pouvait ; et il fut le premier, dit Plutarque, qui donna cette permission.

§ VI. Avant que de continuer ce qui regarde l'histoire des Perses et des Grecs, je rapporterai en peu de mots ce qui arriva pendant les vingt premières années d'Artaxerxe chez le peuple de Dieu : c'est une partie essentielle de l'histoire de ce prince.

(Av. J.-C. 467.) La septième année d'Artaxerxe, Esdras obtint du roi et de ses sept conseillers une ample commission pour retourner à Jérusalem avec tous ceux de sa nation qui voudraient l'y suivre, pour y rétablir l'état et la religion des Juifs, et régler l'un et l'autre selon leurs propres lois. Esdras était un des descendans de Saraïa, qui était souverain pontife lors de la destruction de Jérusalem par Nabuchodonosor, et qui fut tué par son ordre. Il n'était pas moins savant que pieux. Ce qui le distinguait particulièrement des autres Juifs, était d'être fort versé dans la connaissance des saintes Écritures : c'est pourquoi il est qualifié de « docteur bien exercé dans la loi du Dieu du ciel.» Il partit de Babylone avec les dons et les offrandes dont le roi et ceux de sa cour, et tous ceux d'Israël qui étaient restés à Babylone, l'avaient chargé pour le temple, et qu'il remit exactement entre les mains des sacrificateurs, dès qu'il fut ar-

rivé à Jérusalem. Il paraît, par la commission que lui donna Artaxerxe, que ce
prince avait beaucoup de respect pour le
dieu d'Israël, puisqu'en ordonnant à ses officiers de fournir exactement aux Juifs tout
ce qui sera nécessaire pour le culte de leur
dieu, il ajoute « de peur que sa colère ne
s'allume contre le royaume du roi de ses
enfans. » Cette commission l'autorisait,
comme je l'ai déja dit, à régler la religion
et l'état des Juifs selon la loi de Moïse, à
rétablir des magistrats et des juges pour
punir les réfractaires, non - seulement par
emprisonnement et par confiscation de
biens, mais encore par l'exil et même par
la peine de mort, selon la nature des cri-
mes dont ils seraient trouvés coupables.
Tel fut le pouvoir dont Esdras fut revêtu,
et qu'il exerça fidèlement pendant treize
ans, jusqu'à ce que Néhémie arrivât de la
cour de Perse avec une nouvelle commission (Av. J.-C. 454.).

Néhémie était Juif aussi, d'une piété
et d'un mérite distingué, et l'un des
échansons du roi Artaxerxe. Cette charge
était très considérable à la cour de Perse,
à cause du privilège qu'elle donnait d'ap-

procher souvent de la personne du prince, et de lui parler dans les momens les plus favorables. Ni l'éclat de cette charge, ni l'établissement fixe de sa famile dans ce pays de captivité, ne lui firent oublier la patrie de ses ancêtres ni leur religion, son amour pour l'une, et son zèle pour l'autre, ne se refroidirent point, et son cœur était toujours à Sion. Quelques Juifs venus de Jérusalem lui ayant représenté le triste état où se trouvait cette ville, ses murailles détruites, ses portes consumées par le feu, ses habitans exposés par-là aux insultes de leurs ennemis et au mépris de tous leurs voisins; le danger et l'afflic-tion de ses frères firent sur son cœur toute l'impression qu'on pouvait attendre de sa piété. Un jour qu'il faisait les fonctions de sa charge, le roi, lui ayant remarqué un air de tristesse qu'il n'avait pas accoutumé d'avoir, lui en demanda la cause : ce qui marque dans un prince un fonds de bonté, rare dans les personnes de son rang, et néan-moins beaucoup plus estimable que les qua-lités les plus brillantes. Néhémie saisit cette occasion pour lui parler du triste état où se trouvait son pays, lui avoua que c'était là le sujet de son affliction, et le supplia de lui permettre d'aller à Jérusalem pour en réparer les fortifications. Les rois de Perse, ses prédécesseurs, avaient permis aux Juifs de rebâtir le temple, non pas de relever les murs de Jérusalem. Artaxerxe sur-le-champ fit dresser un décret portant ordre de bâtir les murailles et les portes| de Jérusalem. Néhémie, en qualité de gouverneur de Judée, était chargé du décret et de l'exécution. Pour lui faire encore plus d'honneur, le roi lui donna une escorte de cavalerie, commandée par un officier considérable, pour le mener sûrement. Il écrivit aussi à tous les gouverneurs des provinces de deçà l'Euphrate de l'assister de tout leur pouvoir dans l'ouvrage pour lequel il était envoyé. Ce pieux Juif s'acquitta de sa commission, avec un zèle et une activité incroyables.

C'est de ce décret, donné par Artaxerxe la vingtième année de son règne, pour rebâtir les murs de Jérusalem, que se prend le commencement des soixante et dix semaines d'années de la célèbre prophétie de Daniel, après lesquelles le Messie devait paraître et être mis à mort. Je la rapporterai ici toute entière, mais sans en donner l'explication, que l'on peut trouver ailleurs, et qui ne fait point partie de l'histoire.

« Soyez attentif à ce que je vais vous « dire, et comprenez cette vision. Dieu a « abrégé et fixé le temps à soixante et dix « semaines en faveur de votre peuple et « de votre ville sainte, afin que ses pré- « varications soient abolies, que le péché « trouve sa fin, que l'iniquité soit effacée, « que la justice éternelle vienne sur la « terre, que les visions et les prophéties « soient accomplies, et que le saint des « saints soit oint de l'huile sacrée. Sachez « donc ceci, et gravez-le dans votre esprit : « DEPUIS L'ORDRE QUI SERA DONNÉ POUR « REBATIR JÉRUSALEM, jusqu'au Christ, « chef de mon peuple, il y aura sept se- « maines et soixante et deux semaines ; et « les places et les murailles de la ville « seront bâties de nouveau parmi les « temps fâcheux et difficiles. Et après « soixante et deux semaines, le Christ sera « mis à mort ; et le peuple qui le doit re- « noncer ne sera point son peuple. Un « peuple, avec son chef qui doit venir, « détruira la ville et le sanctuaire ; elle « finira par une ruine entière, et la dé- « solation qui lui a été prédite arrivera

« après la fin de la guerre. Il confirma
« son alliance avec plusieurs dans une se-
« maine, et à la moitié de la semaine les
« hosties et les sacrifices seront abolis,
« l'abomination de la désolation sera
« dans le temple, et la désolation durera jus-
« qu'à la consommation et jusqu'à la fin. »

Lorsque Esdras était en autorité, comme son principal but était de rétablir la religion dans son ancienne pureté, il mit en ordre les livres saints, dont il fit une exacte révision, et ramassa les anciens mémoires du peuple de Dieu pour en composer les deux livres de Paralipomènes ou Chroniques, auxquelles il ajouta l'histoire de son temps, qui fut achevée par Néhémie. C'est par leurs livres que se termine cette longue histoire que Moïse avait commencée, et que les auteurs suivans continuèrent sans interruption jusqu'au rétablissement de Jérusalem. Le reste de l'histoire sainte n'est pas écrit dans la même suite. Pendant qu'Esdras et Néhémie faisaient la dernière partie de ce grand ouvrage, Hérodote, que les auteurs profanes appellent le père de l'histoire, commençait à écrire. Ainsi les derniers auteurs de l'histoire sainte se rencontrent avec le premier auteur de l'histoire grecque; et quand elle commence, celle du peuple de Dieu, à la prendre seulement depuis Abraham, enfermait déja quinze siècles. Hérodote n'avait garde de parler des Juifs dans l'histoire qu'il nous a laissée; et les Grecs n'avaient besoin d'être informés que des peuples que la guerre, le commerce ou un grand éclat leur faisait connaître. La Judée, qui commençait à peine à se relever de sa ruine, n'attirait pas alors les regards.

§. VII. Je reviens à la Grèce. Depuis la retraite de Thémistocle, et la mort d'Aristide, dont le temps précis n'est point marqué, deux citoyens partagèrent le crédit et l'autorité à Athènes, Cimon et Périclès. Le dernier était beaucoup plus jeune que l'autre, et d'un caractère bien différent. Comme il jouera un grand rôle dans l'histoire qui va suivre, il est important de bien connaître qui il était, comment il avait été élevé, quel plan et quelle route il suivit dans le gouvernement.

Périclès, des deux côtés, descendait des premières maisons et des plus illustres familles d'Athènes. Son père Xantippe, qui battit à Mycale les lieutenans du roi de Perse, épousa Agariste, nièce de Clisthène, qui chassa les Pisistratides, et établit à Athènes le gouvernement populaire. Périclès s'était préparé de loin au dessein qu'il avait d'entrer dans le maniement des affaires publiques.

Il eut pour maîtres les plus savans hommes de son temps, et surtout Anaxagore de Clazomène, surnommé l'intelligence; parce qu'il fut, dit-on, le premier qui attribua les évènemens humains, aussi bien que la formation et le gouvernement de l'univers, non au hasard, comme quelques-uns , ni à une fatale nécessité, mais à une intelligence supérieure qui réglait et conduisait tout avec sagesse. Ce dogme, ce sentiment était bien plus ancien que lui; peut-être qu'il le mit dans un plus grand jour que tous les autres, et l'enseigna avec méthode et par principes. Anaxagore instruisit à fond son disciple de cette partie de la philosophie qui regarde les choses naturelles, et qui pour cette raison, est appelée physique *. Cette étude

_ * Les anciens, sous ce nom, comprenaient ce

lui donna une force et une grandeur d'ame qui l'éleva au-dessus d'une infinité de préjugés populaires, et de vaines observances généralement établies de son temps, qui, dans les affaires de l'état et dans les entreprises de la guerre, rompaient souvent les mesures les plus sages et les plus nécessaires, ou les faisaient échouer par de scrupuleux délais, autorisés et couverts du voile de la religion. Tantôt c'étaient des songes ou des augures; tantôt d'effrayans phénomènes, comme des éclipses de soleil ou de lune; d'autres fois des présages et des pressentimens, sans parler des folies de l'astrologie judiciaire. La connaissance des choses naturelles, dégagée des basses et timides superstitions qu'engendre l'ignorance, lui inspira, dit Plutarque, une piété solide à l'égard des dieux, accompagnée d'une fermeté d'ame inébranlable, et d'une tranquille espérance des biens qu'on doit attendre d'eux. Quelque attrait qu'eût pour lui cette étude, il ne s'y livra pas en philosophe, mais s'y

que nous appelons *physique* et *métaphysique*; dont la première est la science des corps; l'autre celle des choses spirituelles, de Dieu et des esprits.

appliqua en politique ; et il sut, chose fort difficile, se prescrire des bornes dans la carrière de la science.

Mais le talent qu'il cultiva avec le plus de soin, parce qu'il le regardait comme l'instrument le plus nécessaire à quiconque veut conduire et manier le peuple, fut celui de la parole. En effet, c'est par là que, dans une république comme celle d'Athènes, on dominait dans les assemblées, qu'on entraînait les suffrages, qu'on se rendait maître des affaires, et qu'on exerçait sur les esprits et sur les cœurs un empire absolu. Il tourna donc toutes ses vues de ce côté-là ; il rapporta et fit servir à ce but toutes ses autres connaissances, et tout ce qu'il avait appris d'Anaxagore, mêlant, pour me servir de l'expression même de Plutarque, l'étude de la philosophie à la teinture de la rhétorique, c'est-à-dire que, pour orner et embellir son discours, il prêtait à la force et à la solidité du raisonnement les couleurs et les graces de l'éloquence.

Il n'eut pas lieu de se repentir du temps qu'il avait donné à cette étude, car le succès passa toutes ses espérances. Les poètes

de son temps disaient de lui qu'il fou-
droyait, qu'il tonnait, qu'il mettait toute
la Grèce en mouvement, tant il excellait
dans le talent de la parole. Il avait de ces
traits vifs et perçans qui touchent et qui
pénètrent, et son discours laissait toujours dans l'esprit des auditeurs comme
une pointe et un aiguillon. Il savait joindre l'agrément à la force : et Cicéron remarque que, dans le temps même qu'il
combattait avec le plus de fermeté le goût
et les desirs des Athéniens, il avait l'art
de rendre populaire la sévérité même et
l'espèce de dureté avec laquelle il parlait
contre les flatteurs du peuple. On ne pouvait se défendre de la solidité de ses rai-
sonnemens, ni de la douceur de ses paroles ; ce qui faisait dire que la déesse de
la Persuasion, avec toutes ses graces, ré-
sidait sur ses lèvres. Aussi comme un
jour on demandait à Thucydide* son adversaire et son rival, qui de lui ou de Périclès luttait le mieux : « Quand je l'ai
« renversé par terre en luttant, repliqua-t-
« il, il assure le contraire avec tant de
« force, qu'il persuade en effet à tous les

____
* Ce n'est pas l'historien

« assistans, contre le témoignage de leurs
« propres yeux, qu'il n'est point tombé. »
Il n'était pas moins prudent et réservé
dans ses discours que fort et véhément ;
et l'on a remarqué qu'il ne parla jamais
en public sans avoir prié les dieux de ne
pas permettre qu'il lui échappât aucune
expression qui ne fût propre à son sujet,
ou qui pût choquer le peuple. Quand il
devait paraître dans l'assemblée, avant
que de sortir il se disait à lui-même ; « Son-
« ge bien, Périclès, que tu vas parler à
« des hommes libres, à des Grecs , à des
« Athéniens. »

Ce que les historiens rapportent du soin
qu'eut Periclès de cultiver son esprit par
l'étude des sciences, et de s'exercer dans
le talent de la parole, est une grande
leçon pour les personnes destinées aux
places importantes de l'état, et une juste
condamnation de ceux qui, faisant peu
de cas de tout ce qui s'appelle étude et
science, ne portent dans ces places, où ils
entrent sans lumière et sans connaissances
comme sans vocation, qu'une folle estime
d'eux-mêmes et une téméraire hardiesse
de décider. Plutarque, dans un traité où

il montre que c'est aux hommes d'état qu'un philosophe doit s'attacher préférablement à tous les autres, parce qu'en les formant il forme des villes et des républiques entières, cite en exemples les plus grands hommes, soit de la Grèce, soit de l'Italie, qui ont tiré ce secours de la philosophie : Périclès, dont il s'agit ici, qui fut instruit par Anaxagore; Dion de Syracuse, par Platon ; plusieurs princes d'Italie, par Pythagore ; Caton, le célèbre censeur, qui fit exprès un voyage pour aller trouver Athénodore; enfin le fameux Scipion, destructeur de Carthage, qui eut toujours auprès de lui le philosophe Panétius.

Un des premiers soins de Périclès fut aussi d'étudier à fond le génie des Athéniens, afin de reconnaître les ressorts secrets qu'il fallait mettre en mouvement pour les faire agir, et la manière dont il fallait se conduire à leur égard pour gagner leur confiance; car c'est en cela surtout qu'anciennement ces grands hommes faisaient consister leur habileté et leur politique. Il reconnut, par les réflexions qu'il faisait sur tout ce qui s'était passé de son temps, que ce qui dominait dans ce peuple était une haine souveraine de la tyrannie, et un amour violent de la liberté, qui lui inspirait des sentimens de crainte, de jalousie et de défiance à l'égard des citoyens qui étaient trop distingués par leur naissance, par leur mérite personnel, par leur propre crédit ou par celui de leurs amis. Outre qu'il ressemblait fort à Pisistrate par la douceur de sa voix et par sa grande facilité à parler, il avait aussi beaucoup de son air et des traits de son visage; et il remarqua que les plus vieux de la ville, qui avaient pu voir le tyran, étaient extrêmement frappés de cette ressemblance. D'ailleurs il était fort riche, d'une naissance illustre, et avait beaucoup d'amis très puissans. Afin donc de ne se point rendre suspect au peuple, et pour ne point réveiller sa jalousie, il évita d'abord de se mêler des affaires publiques, qui demandaient une résidence assidue à la ville, et ne songea à se distinguer qu'à la guerre et dans les dangers.

Mais voyant Aristide mort, Thémistocle chassé, et Cimon retenu la plupart du temps hors de la Grèce par des guerres étrangères , il commença à se produire en public avec plus de hardiesse, et se tourna entièrement du côté du peuple, non par goût ni par inclination , car son caractère n'était nullement populaire , mais pour écarter de soi tout soupçon qu'il songeât à la tyrannie, et encore plus pour se faire un ferme rempart contre le crédit et l'autorité de Cimon, qui s'était déclaré pour le parti des nobles.

En même temps il changea toutes ses façons de faire et sa manière de vivre, et prit en tout le caractère et la conduite d'un homme d'état, tout occupé des affaires , tout consacré au public. Jamais il ne paraissait dans les rues que pour aller à l'assemblée du peuple ou au conseil. Il renonça tout d'un coup à tous les festins, aux assemblées, et aux autres plaisirs de cette nature, auxquels il était accoutumé; et pendant tout le temps qu'il gouverna la république, qui fut assez long, on ne le vit jamais aller souper chez ses amis , qu'une seule fois aux noces d'un de ses plus proches parens.

Il savait que le peuple, naturellement léger et inconstant, se dégoûte ordinai-

rement de ceux qui sont toujours sous ses
yeux, et qu'un trop grand empressement
à lui plaire le lasse et l'importune ; et l'on
remarque que cette conduite nuisit beaucoup à Thémistocle. Pour éviter cet incon-
vénient, il allait rarement aux assemblées,
et ne se présentait devant le peuple que
par intervalles, afin de s'en faire desirer,
et de conserver auprès de lui un crédit
toujours nouveau, et qui ne fût point usé
et comme flétri par une trop grande assiduité, se réservant avec prudence pour
les grandes et importantes occasions : c'est
ce qui fit dire qu'il imitait Jupiter, lequel,
selon le sentiment de quelques philosophes, ne s'occupait, dans le gouvernement du monde, que des grands évènemens, et laissait le soin du détail à des
divinités subalternes. Eu effet, pour ce
qui regardait toutes les affaires de peu
d'importance, Périclès les faisait par l'eu-
tremise de ses amis, et par quelques orateurs qu'il avait en sa disposition, du
nombre desquels était Ephialte.

Il mit toute son application et toute son
industrie à se concilier la faveur du peuple
pour contre-balancer le crédit et la gloire

de Cimon. Mais il ne pouvait égaler la magnifique et généreuse libéralité de son rival, qui, par ses richesses immenses, se trouvait en·état de faire des largesses, qui à peine nous paraissent croyables, tant elles sont éloignées de nos mœurs, Ne pouvant l'égaler de ce côté-là, il employa un autre moyen, non moins efficace peut-être, mais certainement moins légitime, et moins honorable, pour gagner la populace. Il fut le premier qui fit partager aux citoyens les terres conquises, qui leur fit distribuer, pour leurs jeux et pour leurs spectacles, les deniers publics, et qui leur attribua des salaires pour toutes leurs fonctions publiques ; de sorte qu'on leur donnait régulièrement de certaines sommes, tant pour leurs places aux jeux que pour leur assistance aux tribunaux et au jugement des affaires. On ne peut dire combien cette malheureuse politique devint funeste à la république, et combien elle entraîna de maux après elle. Car ces nouveaux établissemens, outre qu'ils épuisaient le trésor public, rendirent le peuple somptueux et dissolu, au lieu qu'auparavant il était sobre et modeste, et se contentait de gagner, par son travail et à la sueur de son corps, de quoi subsister.

C'est par ces moyens que Périclès s'était acquis un tel crédit sur l'esprit du peuple, qu'on pourrait dire que, sous un gouvernement républicain, il s'était fait un pouvoir monarchique, donnant à la ville tel mouvement qu'il lui plaisait, et dominant avec une autorité absolue dans les assemblées. Aussi Valère-Maxime ne met-il presque point d'autre d'ifférence entre Pisistrate et lui, sinon que l'un exerçait la tyrannie par la force des armes, et l'autre par le talent de la parole, dans lequel il s'était heureusement exercé sous Anaxagore.

Ce crédit, quelque énorme qu'il fût, n'empêchait point la comédie de lancer contre lui, en plein théâtre, plusieurs traits de satire des plus piquans ; et l'on ne voit point qu'aucun des poètes qui le maltraitaient avec une telle hardiesse ait été jamais ni puni, ni même repris par le peuple. Peut-être était-ce prudence et politique à Périclès de ne point entreprendre de réprimer cette licence du théâtre, ni de fermer la bouche aux poètes, pour

amuser et contenter le peuple par ce vain
fantôme de liberté, et pour l'empêcher
de s'apercevoir qu'en effet il était do-
miné et asservi.

Périclès, pour mieux affermir son crédit, forma un dessein bien hardi et bien
périlleux. Il entreprit d'affaiblir et d'a-
baisser le tribunal de l'Aréopage, dont
il n'était pas, parce que le sort ne lui était
jamais échu d'être ni archonte *, ni thes-
mothète, ni roi des sacrifices, ni polé-
marque. C'étaient différentes charges de la
république, qui de toute ancienneté ne
donnaient par sort ; et il n'y avait que
ceux qui y avaient bien servi qui pussent
monter à l'Aréopage. Périclès profitant de
l'absence de Cimon, fit agir sous main
Ephialte, qui lui était entièrement dé-
voué, et vint à bout d'humilier cette il-

* Après quelques changemens dans la forme du
gouvernement d'Athènes, on confia l'autorité à
neuf magistrats, appelés *archontes* ; et elle ne durait qu'un an. L'on s'appelait *roi*, un autre *polé-
marque*, un troisième *archonte*, et c'était lui
proprement qui était à la tête des autres, et qui
donnait son nom à l'année ; et six thesmothètes,
qui avaient une intendance particulière sur les lois
et sur les décrets.

lustre compagnie, qui faisait la principale force des nobles. Le peuple, enhardi et soutenu par une si puissante faction, bouleversa tout l'ancien ordre du gouvernement, renversa toutes les lois fondamentales et les anciennes coutumes, ôta au sénat de l'Aréopage la connaissance de la plupart des causes qui allaient devant lui, ne lui laissant que les plus communes, et en très petit nombre, et se rendit maître absolu de tous les tribunaux.

Quand Cimon fut de retour à Athènes, il vit avec douleur la dignité du sénat foulée aux pieds, et tâcha par toutes sortes de moyens de faire rentrer en possession de son autorité, et de remettre sur pied l'aristocratie, telle qu'elle avait été établie du temps de Clisthène. Mais ses ennemis se mirent à crier et à exciter contre lui le peuple, en lui reprochant, outre beaucoup d'autres choses, le grand attachement qu'il avait pour les Lacédémoniens. Il avait donné lieu en quelque sorte à ce reproche, en ne ménageant pas assez la délicatesse des Athéniens. Car, en leur parlant, il ne cessait à tout propos d'exalter Lacédémone; et, lorsqu'il blâmait en quelque chose leur conduite, il avait toujours coutume de leur dire : Ce n'est pas là ce que font les Spartiates. De tels discours lui attirèrent l'envie et la haine de ses citoyens. Mais un évènement, auquel pourtant il n'avait point eu de part, y mit le comble.

§ VIII. [Av. J.-C. 470.] La quatrième année du règne d'Archidamus, il y eut à Sparte le plus terrible tremblement de terre dont on eût jamais ouï parler. En plusieurs endroits le pays fut englouti dans des abîmes ; le Taygète et les autres monts furent ébranlés jusque dans leurs fondemens ; plusieurs de leurs sommets détachés de leur place s'écroulèrent ; toute la ville fut boulversée, excepté cinq maisons, qui restèrent seules au milieu de cette désola—tion épouvantable. Pour comble de malheur, les Ilotes, qui étaient les esclaves des Lacédémoniens, jugeant que c'était une occasion favorable de se remettre en liberté, accoururent de toutes parts pour exterminer ceux que le tremblement de terre avait épargnés. Mais les ayant trouvés armés et en bataille, par la sage prévoyance d'Archidamus, qui les avait assemblés autour de lui, ils se retirèrent dans les villes voisines, et commencèrent dès ce jour-là à leur faire une guerre ouverte, ayant attiré dans leur ligue plusieurs de leurs voisins, et se sentant fortifiés par les Messéniens, qui étaient alors actuellement en guerre avec les Spartiates.

Dans cette extrémité, les Lacédémoniens envoyèrent à Athènes demander du secours. Éphialte s'y opposait, et protestait qu'on ne devait point les secourir, ni relever une ville rivale d'Athènes; mais qu'il fallait la laisser ensevelir dans ses abîmes; et tenir ainsi l'orgueil de Sparte humilié. Une telle politique fit horreur à Cimon. Il n'hésita pas un moment à préférer l'utilité des Lacédémoniens à l'agrandissement de sa patrie, et représentant avec vivacité qu'*il ne convenait pas de laisser la Grèce boiteuse, ni Athènes sans contrepoids*, il entraîna le peuple dans son sentiment, et fit ordonner du secours. Sparte et Athènes pouvaient être regardées en effet comme les deux soutiens, les deux appuis de la Grèce : ainsi, l'une venant à périr, la Grèce demeurait comme boiteuse. Il est certain encore que le peuple d'Athènes, enflé de

sa grandeur, était devenu si fier et si en-
treprenant, qu'il avait besoin d'un frein
pour modérer sa fougue; et il n'y en avait
pas de meilleur que Sparte, seule capable
de servir de contre-poids à l'emportement
des Athéniens. Cimon marcha donc au secours des Lacédémoniens avec quatre mille
hommes.

On voit ici ce que peut dans une république, dans un état, un homme de tête
et de bon conseil, quand il joint à un
grand fonds de mérite une réputation bien
établie de probité, de désintéressement,
d'amour du bien public. Cimon vient à
bout, sans beaucoup de peine, d'inspirer
aux Athéniens des sentimens nobles et ma-
gnanimes, contre leurs intérêts apparens,
et malgré les sollicitations d'une jalousie
secrète, qui ne manque pas de se faire sentir vivement dans de telles occasions. Par
le crédit et l'ascendant que sa vertu lui
donne, il les élève au-dessus d'une politique lâche et injuste, mais assez ordinaire,
qui fait regarder les malheurs des voisins
comme un avantage, dont l'intérêt de l'état
permet et ordonne même de profiter. Les
conseils de Cimon étaient pleins de sagesse

et d'équité; mais il est étonnant qu'il ait pu les faire goûter à tout un peuple : c'est tout ce que l'on pourrait espérer d'une assemblée de sages et de graves sénateurs.

Quelque temps après, les Lacédémoniens appelèrent encore les Athéniens à leur secours contre les Mésséniens et les Ilotes, qui s'étaient emparés d'Ithôme. Mais quand ces troupes furent arrivées sous la conduite de Cimon, ils commencèrent à craindre leur audace, leur puissance et leur grande réputation, et leur firent l'affront de les renvoyer comme suspects de mauvais desseins, et capables de tourner leurs armes contre eux.

Les Athéniens, s'en étant retournés pleins de colère et de ressentiment, se déclarèrent dès ce jour-là ennemis de tous ceux qui prenaient les intérêts de Lacédémone; et, à la première occasion qu'ils en trouvèrent, ils bannirent Cimon par la voie de l'ostracisme. Voilà la première occasion où parut d'une manière fort marquée la mésintelligence entre ces deux peuples, qui s'entretint et se fortifia depuis par divers mécontentemens réciproques. Elle fut néanmoins suspendue pendant quelques années par des traités et des trèves qui en arrêtaient les suites; mais elle éclata enfin sans ménagement par la guerre du Péloponèse.

Ceux qui étaient enfermés dans Ithôme, après s'y être défendus pendant dix ans, se rendirent aux Lacédémoniens, qui leur laissèrent la vie sauve, à condition qu'ils ne rentreraient jamais dans le Péloponèse. Les Athéniens en haine de Lacédémone, les reçurent avec leurs femmes et leurs enfans, et les établirent à Naupacte, dont ils venaient de se rendre maîtres. Les Mégariens, en même temps, quittèrent le parti de Sparte pour embrasser celui des Athéniens. Il se forma ainsi plusieurs ligues des deux côtés; il se donna plusieurs combats, dont le plus célèbre fut celui de Tanagre en Béotie, que Diodore égale à ceux de Marathon et de Platée, et où Myronide, chef des Athéniens, vainquit les Spartiates, qui étaient venus au secours des Thébains.

(Av. J.-C. 456.) C'est dans cette occasion que Cimon, se croyant dispensé de garder son ban, se rendit avec ses armes dans sa tribu pour servir sa patrie, et pour

13.

combattre avec ces compatriotes contre les Lacédémoniens. Ses ennemis lui firent donner un ordre de se retirer. Avant que de partir, il exhorta ses compagnons, qu'on soupçonnait aussi bien que lui d'être favorables à Lacédémone, de combattre de toutes leurs forces, et sans se ménager, afin que cette journée servît de preuve à leur innocence, et effaçât de l'esprit de leurs citoyens un soupçon qui leur était à tous si injurieux. Ces braves soldats, qui étaient au nombre de cent, animés par ces paroles, lui demandèrent son armure complète, qu'ils placèrent au milieu de leur petit bataillon, afin de l'avoir comme présent et sous leurs yeux. Ils combattirent avec tant de valeur et d'acharnement, qu'ils se firent tous tuer, laissant aux Athéniens un regret infini de leur perte, et un grand repentir de les avoir accusés si injustement.

Je passe sous silence plusieurs évènemens qui sont peu considérables.

§ IX. Les Athéniens, qui sentaient le besoin qu'ils avaient de Cimon, le rappelèrent de son bannissement, où il avait passé cinq ans. Ce fut Périclès même qui en proposa et en dressa le décret, tant, dit Plutarque, les querelles et les animosités étaient alors modérées, et prêtes à s'apaiser dès que l'utilité publique le demandait! et tant d'ambition, qui est une des plus vives et des plus fortes passions, cédait aux temps et se conformait aux besoins de la patrie!

(Av. J.-C. 450.) Dès que Cimon fut de retour, il étouffa promptement la guerre qui commençait à s'allumer entre les Grecs, réconcilla les deux villes, et leur fit conclure une trève de cinq ans. Et pour ôter aux Athéniens, enflés par tant d'heureux succès, l'envie et l'occasion d'attaquer leurs voisins et leurs alliés, il jugea nécessaire de les mener au loin contre l'ennemi commun, cherchant par cette voie d'honneur à aguerrír en même temps et à enrichir ses citoyens. Il mit donc en mer une flotte de deux cents vaisseaux. Il en envoya soixante en Egypte au secours d'Amyrtée, et alla avec le reste contre l'île de Cypre. Artabäze était alors dans ces mers-là avec une flotte de trois cents voiles ; et Mégabyse, l'autre général d'Artaxerxe, avec une armée de trois cent mille hommes sur les côtes de la Cilicie. Dès que l'escadre que Cimon avait envoyée en Egypte eut rejoint sa flotte, il alla attaquer Artabaze, et lui prit cent de ses vaisseaux. Il en coula à fond plusieurs autres, et poursuivit le reste jusque sur les côtes de Phénicie. Comme si cette première victoire n'eût été qu'une préparation à une seconde, il fit en revenant une descente en Cilicie, chargea Mégabyse, le défit, et lui tua un nombre prodigieux d'hommes. Après cela il retourna en Cypre avec ce double triomphe, et forma le siège de Citium, qui était une place très forte et très importante. Son dessein était, après qu'il aurait achevé la conquête de cette île, de passer en Egypte, et d'y susciter de nouvelles affaires aux barbares : car il n'avait point de médiocres vues, et il ne pensait à rien moins qu'à ruiner et détruire absolument l'empire du grand roi de Perse. Le bruit qui courait que Thémistocle devait commander son armée ajoutait un nouvel aiguillon à son courage, et, presque sûr du succès, il était ravi de mesurer ses forces avec lui. Mais nous avons déjà vu que dans ce

emps-là même Thémistocle se donna la
mort.

Artaxerxe, las d'une guerre où il venait
le faire de si grandes pertes, résolut, de
l'avis de son conseil, d'y mettre fin par
un accommodement. Il envoya ordre à ses
généraux de faire la paix avec les Athéniens, et d'en tirer les meilleures conditions
qu'ils pourraient. Mégabyse et Artabaze
envoyèrent des ambassadeurs en faire l'ouverture à Athènes. On choisit de part et
l'autre des plénipotentiaires : Callias était
à la tête de ceux d'Athènes. Voici quelles
furent les conditions du traité : 1° que toutes les villes grecques d'Asie auraient la liberté et le choix des lois et du gouverne--
ment sous lequel elles voudraient vivre ;
2° qu'aucun vaisseau de guerre persan
n'entrerait dans les mers qui sont depuis
les îles Cyanées jusqu'aux îles Chélidonien-
nes, c'est-à-dire depuis le Pont-Euxin jusqu'aux côtes de la Pamphylie ; 3° qu'aucun
commandant persan n'approcherait de ces
mers avec des troupes à la distance de
trois jours de marche ; 4° que les Athéniens n'attaqueraient plus aucune des terres des états du roi. Ces articles furent ra-

tifiés et jurés de part et d'autre, et la paix proclamée,

(Av. J.-C. 449.) Ainsi finit cette guerre, qui, depuis que les Athéniens eurent brûlé Sardes, avait duré cinquante et un ans entiers, et qui avaient coûté la vie à une infinité d'hommes, tant du côté des Perses que de celui des Grecs.

Pendant qu'on travaillait à la conclusion du traité, Cimon mourut, soit de maladie, soit d'une blessure qu'il avait reçue au siège de Citium. Se voyant près de mourir, il commanda à ses officiers de ramener promptement la flotte à Athènes, en cachant soigneusement sa mort; ce qui fut exécuté avec tant de secret, que ni les ennemis, ni même les alliés, n'en eurent aucune connaissance; et ils retournèrent chez eux en toute sûreté sous la conduite encore et sous les auspices de Cimon, quoique mort depuis plus de trente jours.

Cimon fut généralement regretté, ce qui n'est pas étonnant à l'égard d'un homme qui réunissait en lui seul tant d'excellentes qualités: fils plein de tendresse, ami fidèle, citoyen zélé pour sa patrie, grand politique, général accompli, modeste au

milieu des plus grands emplois et des honneurs les plus éclatans, bienfaisant et libé-
ral jusqu'à la magnificence, et presque jusqu'à la prodigalité ; simple et éloigné de
tout faste dans le sein même de l'abondance et des richesses ; enfin amateur des
pauvres citoyens, jusqu'à partager avec
eux tous ses biens, et à ne point rougir de
leur pauvreté. L'histoire ne parle point de
statues ou de monumens érigés en son
honneur, ni d'obsèques magnifiques célé-
brées après sa mort. Les regrets du peuple
en firent sans doute le plus bel ornement.
Et ce sont là des statues permanentes et
stables, qui ne sont point sujettes à l'injure
des temps, et qui rendent la mémoire des
grands hommes respectable à jamais : car
les monumens les plus superbes, les ouvrages de marbre et de bronze qu'on élève
à la gloire des grands, sont méprisés par
la postérité comme des sépulcres qui ne
renferment que des ossemens de morts,
quand elle condamne leur mémoire.

La suite fit encore mieux connaître
quelle perte la Grèce avait faite. Après
Cimon, il n'y eut presque plus aucun des
généraux grecs qui fit rien de considérable

ni d'éclatant contre les barbares. Animés par les orateurs qui se rendaient maîtres du du peuple, et qui répandaient dans les assemblées un esprit de trouble et de division, ils se tournèrent les uns contre les autres, et en vinrent enfin à une guerre ouverte, sans que personne songeât à en arrêter les suites funestes : ce qui fut un répit bien utile pour les affaires du roi, et la ruine de celles des Grecs.

§ X. A Athènes, la noblesse, voyant Périclès au plus haut degré de la puissance, et fort au-dessus de tous les autres citoyens, chercha à lui opposer un homme qui pût en quelque façon lui tenir tête, et empêcher que cette grande autorité ne dégénérât en monarchie. Elle lui opposa donc Thucydide, beau-frère de Cimon, homme d'une sagesse éprouvée, qui n'avait pas à la vérité les grandes qualités de Périclès pour la guerre, mais qui n'était pas moins propre que lui à conduire et à manier à son gré les assemblées du peuple, et qui, ne sortant jamais de la ville, et s'attachant toujours à combattre et à contredire Périclès, eut bientôt rétabli l'équilibre. Celui-ci, de son côté, cherchant à plaire en tout au peuple, lui lâcha encore plus la bride qu'il n'avait fait jusque-là. Il était attentif à lui procurer le plus souvent qu'il lui était possible des spectacles, des festins, des fêtes, ou d'autres divertissemens.

Il trouvait moyen de soudoyer pendant huit mois de l'année un grand nombre de pauvres citoyens, en les faisant monter sur une flotte de soixante vaisseaux qu'il équipait tous les ans; et par là il rendait en même temps un service important à l'état, en formant pour sa défense de bons hommes de mer. De plus, il établit plusieurs colonies dans la Chersonèse, à Naxos, à Andros, dans le pays des Bisaltes en Thrace. Il en envoya une fort nombreuse dans l'Italie, dont nous parlerons bientôt, et qui bâtit Thurium. Il avait plusieurs vues dans l'établissement de ces colonies, sans parler du dessein particulier qu'il pouvait avoir de gagner par là le peuple. Il le faisait pour décharger la ville d'une multitude oisive de fainéans toujours prêts à troubler dans un état; pour subvenir aux nécessités du menu peuple, qui n'avait pas d'ailleurs de quoi subsister; enfin, pour retenir les alliés dans la crainte et dans le respect, en établissant chez eux de véritables Athéniens, comme autant de garnisons qui les empê-cheraient de songer à rien entreprendre. Les Romains en usèrent de même, et l'on peut dire que cette sage politique fut un des moyens les plus efficaces dont ils se ser-virent pour affermir le repos et la sûreté de l'état.

Mais ce qui fit le plus d'honneur à Pé-riclès dans l'esprit du peuple, fut la magni-ficence des bâtimens et des ouvrages dont il orna et embellit la ville, qui jetait les étrangers dans l'admiration et le ravis-sement, et leur donnait une grande idée de la puissance des Athéniens. C'est une chose étonnante de voir en combien peu de temps furent achevés tant de divers ouvra-ges d'architecture, de sculpture, de gravure, de peinture, et comment néanmoins ils furent tout d'un coup portés au plus haut point de perfection : car ordinairement les ouvrages achevés avec tant de facilité et de promptitude. n'ont point une grace solide et durable, ni l'exactitude régulière d'une beauté parfaite. Il n'y a pour l'or-dinaire que la longueur du temps, jointe à l'assiduité du travail, qui leur donne une

orce capable de les conserver et de les
aire triompher des siècles. Et c'est ce qui
end plus admirables les ouvrages de Pé-
iclès, qui furent achevés si rapidement,
t qui ont pourtant duré si long-temps.
Car chacun de ces ouvrages, dans le mo-
ient même qu'il fut achevé, avait une
beauté qui sentait déja l'antique : et aujour-
d'hui encore, dit Plutarque, plus de cinq
ents ans après, ils ont une certaine fraî-
heur de jeunesse, comme s'ils ne venaient
que de sortir des mains de l'ouvrier; tant
ils conservent encore une fleur de grace et
de nouveauté qui empêche que le temps
n'en amortisse l'éclat, comme si un esprit
toujours rajeunissant et une ame exempte
de vieillesse était répandue dans tous ces
ouvrages.

Ce qui faisait l'admiration de toute la terre
excita la jalousie contre Périclès. Ses ennemis ne cessaient de crier dans les assemblées que le peuple se déshonorait en s'ap-
propriant l'argent comptant de toute la
Grèce qu'il avait fait venir de Délos où il
était en dépôt : que les alliés ne pouvaient
regarder une telle entreprise que comme
une tyrannie manifeste, en voyant que les

deniers qu'ils avaient fournis par force pour la guerre étaient employés par les Athéniens à dorer et embellir leur ville, à faire des statues magnifiques, et à élever des temples qui coûtaient des millions. On n'exagérait point quand on parlait ainsi : car en effet le temple de Minerve, appelé le Parthénon, avait coûté trois millions de livres.

Périclès, au contraire, remontrait aux Athéniens qu'ils n'étaient pas obligés de rendre compte à leurs alliés de l'argent qu'ils en avaient reçu : que c'était assez qu'ils les défendissent et qu'ils éloignassent les barbares pendant que les alliés ne fournissaient ni soldats, ni chevaux, ni navires, et qu'ils en étaient quittes pour quelques sommes d'argent, qui, dès qu'elles sont délivrées, n'appartiennent plus à ceux qui les ont données, mais sont à ceux qui les ont reçues, pourvu qu'ils exécutent les conditions dont ils sont convenus et pour lesquelles ils les ont touchées. Il ajoutait qu'Athènes étant suffisamment pourvue de tout ce qui était nécessaire pour la guerre, il était convenable d'employer le reste de ses richesses à des ouvrages qui, étant achevés, produiraient à cette ville une gloire immortelle, et qui, dans le temps qu'on y travaillait, répandaient partout l'abondance, et faisaient subsister un nombre infini de citoyens : qu'ils avaient toutes sortes de matériaux, le bois, la pierre, l'airain, l'ivoire, l'or, l'ébène, et le cyprès; et toutes sortes d'ouvriers capables de mettre tous ces matériaux en œuvre , des charpentiers, des maçons, des forgerons, des tailleurs de pierre, des teinturiers, des orfévres, des ébénistes, des peintres, des brodeurs, des tourneurs ; des gens propres à les amener et à les conduire par mer, comme des marchands, des matelots, des pilotes expérimentés, et d'autres gens pour faciliter le transport par terre; des charrons, voituriers, charretiers, cordiers, tireurs de pierre, paveurs, fouilleurs de mines : qu'il était avantageux pour l'état de mettre en mouvement tous ces travailleurs et ces manœuvres, qui, comme autant de corps séparés, formaient tous ensemble une espèce d'armée domestique et pacifique, dont les différentes fonctions semaient et répandaient le gain sur toutes sortes de gens de tout âge et de tout sexe : qu'enfin, pendant que les gens robustes et en âge de porter les armes, les matelots, les soldats, et ceux qui étaient en garnison dans les places, étaient soudoyés des deniers publics, il était juste que les autres citoyens qui demeuraient dans la ville le fussent aussi à leur manière, et qu'appartenant tous à la même république, ils en tirassent tous les mêmes avantages en lui rendant des services différens, à la vérité, mais qui contribuaient tous à sa sûreté ou à sa décoration.

Un jour, comme des plaintes s'échauffaient, Périclès s'offrit de prendre tous les frais sur lui, pourvu que les inscriptions publiques marquassent que lui seul avait fait cette dépense. A ces paroles, le peuple, soit qu'il admirât sa magnanimité, ou que, piqué d'émulation, il ne voulût pas lui céder cette gloire, s'écria qu'il pouvait prendre au trésor de quoi fournir à tous les frais nécessaires sans rien épargner.

Phidias, ce célèbre sculpteur, présidait à tout le travail et en avait l'intendance générale. Ce fut lui qui fit en particulier la statue de Pallas, si estimée dans l'antiquité par les connaisseurs. Elle était d'ivoire et d'or, et haute de vingt-six coudées (trente-

neuf pieds). Il y avait parmi les ouvriers
une ardeur et une émulation incroyables ;
tous s'efforçaient à l'envi de se surpasser
les uns les autres, et d'immortaliser leur
nom par des chefs-d'œuvre de l'art.

L'Odéon, ou théâtre de la musique, qui
avait en dedans plusieurs rangs de sièges
et de colonnes, et dont le comble s'étrécis-
sait peu à peu en s'élevant, et finissait en
pointe, fut bâti, dit-on, sur le modèle du
pavillon du roi Xerxès ; et ce fut Périclès
même qui donna l'idée de se régler sur ce
modèle. Ce fut alors qu'il proposa avec
beaucoup d'empressement un décret par
lequel il était ordonné qu'on célébrerait
des jeux de musique à la fête des Pana-
thénèes; et ayant été élu juge et distribu-
teur des prix, il régla la manière dont les
musiciens devaient jouer de la flûte et de
la lyre, et chanter. Les jeux de musique
furent toujours faits dans ce théâtre depuis
ce temps-là.

J'ai déja fait remarquer que plus ces ouvrages frappaient par leur beauté et leur
éclat, plus ils excitaient l'envie et les plaintes contre Périclès. Les orateurs qui étaient
de la faction opposée ne cessaient de se dé-

chaîner et de crier contre lui, l'accusant de dissiper les finances, et d'employer mal à propos les revenus de l'état pour des bâtimens d'une vaine magnificence. Enfin il en vint avec Thucydide à une rupture si ouverte, qu'il fallait que l'un ou l'autre subît le ban de l'ostracisme. Il l'emporta sur Thucydide, vint à bout de le chasser, dissipa par ce moyen la faction qui lui était opposée, et se rendit maître absolu de la ville et de toutes les affaires des Athéniens. Il disposait à son gré des finances, des troupes et des vaisseaux. Les îles et la mer lui étaient soumises, et il régnait seul dans cette vaste seigneurie, qui s'étendait non-seulement sur les Grecs, mais sur les Barbares, et qui était cimentée et fortifiée par l'obéissance et par la fidélité des nations soumises, par l'amitié des rois et par des traités faits avec plusieurs princes.

Les historiens vantent beaucoup les ouvrages magnifiques dont Périclès embellit Athènes, et j'ai rapporté fidèlement leur témoignage : mais je ne sais si les plaintes qu'on formait contre lui étaient si mal fondées. Etait-il raisonnable en effet d'employer en bâtimens superflus et en vaines

décorations des sommes immenses, qui
étaient destinés pour les fonds de la guerre?
et n'aurait-il pas mieux valu soulager les
alliés d'une partie des contributions, qui,
sous le gouvernement de Périclès, furent
portées à près d'un tiers de plus qu'elles
n'étaient auparavant? Cicéron ne trouve
d'ouvrages et de batimens véritablement
dignes d'admiration que ceux qui ont pour
but l'utilité publique, des aquéducs, des
murailles de villes, des citadelles, des ar-
senaux, des ports de mer; et il faut ranger parmi ce nombre ce que fit Périclès
pour joindre Athènes au port du Pirée.
Mais Cicéron ne manque pas de remarquer
que le même Périclès fut blâmé d'avoir
épuisé le trésor public pour enrichir sa
ville d'ornemens superflus. Platon, qui jugeait des choses selon la vérité, et non selon l'éclat extérieur, fait observer en plus
d'un endroit, après Socrate son maître,
que Périclès, avec tous ses beaux ouvrages,
n'avait point contribué à rendre un seul de
ses citoyens meilleur, mais plutôt à corrompre la pureté et la simplicité de leurs
mœurs anciennes.

§ XI. Lorsque Périclès se vit ainsi revêtu de toute l'autorité, il commença à changer de manières, à ne plus se montrer si doux et si traitable, à ne plus céder ni s'abandonner aux caprices et aux fantaisies du peuple, comme à toutes sortes de vents; mais, dit Plutarque, tirant les rênes de ce gouvernement populaire trop mou et trop complaisant comme on bande les cordes d'un instrument qui sont trop lâches, il le convertit en un gouvernement aristocratique, ou plutôt en une espèce de royauté, sans néanmoins s'écarter jamais de l'utilité publique. Allant donc toujours droit à ce qui était le meilleur, et se rendant irrépréhensible en toutes choses, il vint si bien à bout du peuple, qu'il le tournait à son gré. Tantôt, par ses seuls avis et par la voie de la persuasion, il le conduisait doucement à ses fins, tirant de lui un consentement volontaire : tantôt, quand il trouvait en lui de la résistance et de l'opposition, il l'entraînait comme par force et malgré lui à ce qui était le plus expédient, imitant en cela un sage médecin qui, dans une maladie longue et opiniâtre, sait prendre son temps pour accorder à son malade des choses innocentes qui lui font plaisir, et pour lui donner ensuite des remèdes plus forts, qui le tourmentent à la vérité, mais qui sont seuls capables de lui rendre la santé.

En effet, on comprend aisément combien il fallait d'art et d'habileté pour régir et manier une multitude fière de sa puissance, et pleine de caprices : et c'est en quoi Périclès excellait merveilleusement. Il employait, selon les différentes conjonctures, tantôt la crainte, tantôt l'espérance, comme un double gouvernail, soit pour arrêter les fougues et les emportemens du peuple, soit pour le relever de son abattement et de sa langueur. Il fit voir par cette conduite que l'éloquence, comme le dit Platon, n'est autre chose que l'art de manier les esprits, et que le chef-d'œuvre de cet art est d'émouvoir à propos les diverses passions soit douces, soit violentes, lesquelles, étant à l'ame ce que sont les cordes à un instrument, n'ont besoin, pour produire leur effet, que d'être touchées par une main adroite et habile.

Il faut pourtant avouer que ce qui donna à Périclès cette grande autorité ne fut pas seulement la force de son éloquence, mais, comme dit Thucydide, la gloire et la répu tation de sa vie, et sa grande probité.

Plutarque fait remarquer en lui une qualité bien essentielle à une homme d'état, bien propre à attirer l'estime et la confiance du public, et qui suppose une grande supériorité d'esprit; c'est de ne vouloir pas tout faire par soi-même, de ne se pas croire capable de tout, d'associer à ses travaux et à ses soins des hommes de mérite, de les employer chacun selon leurs talens, et de se décharger sur eux d'un détail qui consume le temps et la liberté d'esprit nécessaire pour les grandes choses. Cette conduite, dit Plutarque, produit deux grands biens : premièrement, elle éteint ou du moins elle amortit l'envie et la jalousie, en partageant en quelque sorte une puissance qui blesse et choque l'amour propre quand on la voit réunie et concentrée dans un seul homme, comme s'il avait lui seul le mérite de tous les autres; en second lieu, elle avance et facilite l'exécution des affaires, et les fait réussir avec plus de sûreté. Plutarque, pour mieux expliquer sa pensée, emploie une comparaison fort naturelle et fort belle: la main, dit-il, pour être partagée en cinq doigts, loin d'être plus faible, en est au contraire plus forte, plus agile, plus propre au mouvement. Il en est de même d'un homme d'état qui sait partager à propos ses fonctions, et qui par là rend son autorité plus prompte, plus agissante, plus étendue, plus décisive ; au lieu que l'empressement indiscret d'un petit esprit, à qui tout fait ombrage, et qui veut seul tout embrasser, ne sert qu'à mettre en évidence sa faiblesse et son incapacité, et à ruiner le succès des affaires. Périclès, dit Plutarque, n'en usait pas ainsi : semblable à un habile pilote, qui, demeurant presque immobile, met tout en mouvement, et qui veut bien quelquefois faire asseoir au gouvernail des officiers subalternes, il était l'ame de l'état, et paraissant ne rien faire par lui-même, il remuait et gouvernait tout, mettant en œuvre l'éloquence de l'un, le crédit de l'autre, la prudence de celui-ci, la bravoure et le courage de celui-là.

A ce que je viens de rapporter ajoutez une autre qualité non moins rare ni moins estimable, je veux dire l'élévation d'une ame noble et désintéressée. Périclès avait tant d'éloignement pour les présens, il mé-

prisait si fort les richesses, et il était tellement au-dessus de toute cupidité et de
toute avarice, que, quoiqu'il eût rendu sa
ville riche et opulente au point que nous
l'avons vue, qu'il eût surpassé en puissance
plusieurs tyrans et plusieurs rois, qu'il eût
manié long-temps avec un souverain pouvoir les finances de la Grèce, il n'augmenta
pourtant pas d'une seule dragme le bien
que son père lui avait laissé. Telle fut la
source et la cause véritable du crédit suprême de Périclès dans la république, digne fruit de sa droiture et de son parfait
désintéressement.

Ce ne fut pas pour quelques momens
rapides seulement, ni pendant la première
vivacité d'une faveur naissante, dont la
fleur et la grace sont pour l'ordinaire d'une
courte durée, qu'il conserva cette autorité.
Il la maintint pendant quarante ans entiers, et cela malgré les Cimon, les Tol-
mide, les Thucydide, et beaucoup d'autres, tous déclarés contre lui; et de ces
quarante années, il passa les quinze dernières sans rival depuis l'exil de Thucydide, et maître absolu des affaires. Cependant, au milieu de ce pouvoir suprême,

u'il avait rendu perpétuel et sans bornes
n sa personne, il se conserva toujours
ivincible et insurmontable aux richesses,
uoique d'ailleurs il ne manquât pas d'ap-
lication à faire valoir son bien; car il ne
essemblait pas à ces seigneurs qui, mal-
ré leurs revenus immenses, soit par né-
ligence et défaut d'économie, soit par
e fastueuses et de folles dépenses, sont
oujours pauvres au milieu de leurs ri-
hesses, hors d'état et sans volonté de
aire le moindre plaisir à de vertueux
mis ou à de fidèles et zélés domestiques,
t meurent enfin accablés de dettes, lais-
ant leur nom et leur mémoire en exécra-
ion à de malheureux créanciers dont ils
nt causé la ruine. Je ne parle point d'un
utre excès où cette négligence et ce dé-
aut d'économie conduisent assez ordinai-
ement; je veux dire la rapine, l'amour
les présens, les concussions; car ici,
ussi bien que pour les finances de l'état,
a maxime de Tacite a lieu : Quand on a
dissipé son bien, on ne songe qu'à en réparer la perte et à en remplir le vide par
toutes sortes de voies, même les plus cri-
minelles.

Périclès connaissait bien mieux l'usage qu'un homme d'état et employé dans le gouvernement doit faire des richesses. Il savait qu'il devait les destiner à servir utilement le public, pour s'attacher d'habiles coopérateurs dans son ministère‘, pour aider de bons officiers dépourvus souvent des biens de la fortune, pour récompenser et animer le mérite de quelque genre qu'il soit, et pour mille autres emplois pareils, auxquels sans doute, soit pour l'intime joie, soit pour la solide gloire qui en reviennent, personne n'oserait comparer les excessives dépenses de la table, du jeu, des équipages. C'est dans cette vue que Périclès ménageait son bien avec une extrême économie, ayant formé lui-même un ancien domestique pour gouverner ses affaires, se faisant rendre régulièrement, dans les temps marqués, un compte exact de la recette et de la dépense, se renfermant lui et sa famille dans un honnête nécessaire proportionné à son revenu et à son état, mais dont il écartait sévèrement toute vaine et ambitieuse superfluité. Il est vrai que cette manière de vivre ne plaisait point du tout à ses enfans

orsqu'ils furent en âge, et encore moins à
sa femme. Ils trouvaient que la dépense
pour leur entretien n'était pas suffisante,
et ils se plaignaient de cette économie, basse
et sordide à leur jugement, qui ne laissait
voir aucune trace de l'abondance qui
règne ordinairement dans les maisons où
les richesses et l'autorité sont réunies.
Périclès faisait peu de cas de ces plaintes,
et ne se conduisait que par des vues supérieures.

Je crois pouvoir appliquer ici une réflexion fort solide de Plutarque dans le
parallèle qu'il fait d'Aristide et de Caton.
Après avoir dit que la vertu politique,
c'est-à-dire l'art de gouverner les villes et
les royaumes, est la plus grande et la plus
parfaite que l'homme puisse acquérir, il
ajoute que l'économie n'est pas une des
moindres parties de cette vertu. En effet,
les richesses étant un des moyens qui
peuvent le plus contribuer au salut ou à
la perte des états, l'art qui enseigne à les
régir et à en faire un bon usage, et qui est
celui qu'on appelle économique, est sans
contredit une partie de l'art de la politique; et il n'en est pas une des moindres

15.

parties, puisqu'il ne faut pas une médiocre prudence pous tenir sur cela le juste mi— lieu, et pour bannir d'un état la pauvreté et la trop grande opulence. C'est cet art qui, écartant avec soin les dépenses inutiles et frivoles, empêche qu'on ne soit forcé de surcharger les peuples, et tient toujours en réserve dans les coffres publics des fonds considérables pour fournir aux né— cessités imprévues, et aux guerres qui peuvent survenir. Or, ce qu'on dit d'un royaume, d'une ville, il faut le dire des particuliers; car la ville, qui est un assem— blage de maisons, et qui fait un tout de plusieurs parties ramassées, n'est forte et puissante dans son total qu'autant que sont forts et puissans tous les membres qui la composent. Périclès a réussi certainement dans cette science pour le gouvernement de sa maison : je ne sais si l'on en peut dire autant pour le maniement des deniers publics.

§ XII. Telle était la conduite de Périclès dans l'intérieur de sa maison : celle qu'il tenait au—dehors et pour les affaires pu— bliques n'était pas moins admirable. Sur ce que les Lacédémoniens commençaient à

être jaloux de l'accroissement des Athé—
niens, et à le supporter avec peine, Périclès, pour inspirer encore plus de grandeur d'ame et de courage à ses citoyens,
fit un décret par lequel il ordonna qu'on
avertirait tous les Grecs, en quelque partie de l'Europe et de l'Asie qu'ils habi-
tassent, et toutes les villes, grandes ou petites, d'envoyer incessamment à Athènes
leurs députés, pour délibérer sur les
moyens de relever les temples qui avaient
été brûlés par les barbares, et de s'acquitter des sacrifices qu'on s'était engagé de
faire pour le salut de la Grèce lorsqu'on
était en guerre contre eux ; comme aussi
sur les expédiens qu'il fallait prendre
pour mettre un si bon ordre aux affaires
de la marine, qu'ils pussent tous naviguer
sûrement et vivre en paix les uns avec les
autres.

On choisit donc pour cette ambassade
vingt personnages qui avaient chacun plus
de cinquante ans. On en envoya cinq vers
les Ioniens et les Doriens d'Asie, et les
insulaires, jusqu'à Lesbos et à Rhodes;
cinq vers les contrées de l'Hellespont et
de Thrace, jusqu'à Byzance : cinq eurent

ordre d'aller dans la Béotie, la Phocide et le Péloponèse, et de remonter de là par le pays des Locriens dans le continent supérieur, et de le parcourir jusqu'à l'Acarnanie et à Ambracie : les cinq derniers furent chargés de traverser l'Eubée, et d'aller vers les habitans du mont OEta et ceux du golfe de Malée, et chez les Phthiotes, les Achéens et les Thessaliens, pour leur persuader à tous de se rendre à l'assemblée convoquée à Athènes, et d'assister aux délibérations qui s'y prendraient pour la paix et pour les affaires générales de la Grèce. J'ai cru devoir entrer dans ce détail, qui m'a paru fort propre à faire connaître l'étendue de la domination des Grecs, et l'autorité des Athéniens parmi eux.

Toutes ces sollicitations furent inutiles; les villes n'envoyèrent point de députés, parce que, dit-on, les Lacédémoniens s'y opposèrent : et il ne faut pas s'en étonner. Ils sentirent bien que le dessein de Périclès était de faire reconnaître Athènes comme la maîtresse et la souveraine de toutes les autres villes grecques; et Lacédémone n'avait garde de lui céder cet honneur. Un secret levain de dissension et de discorde avait commencé depuis quelques années à troubler le repos de la Grèce, et nous verrons que dans la suite les esprits ne feront que s'aigrir de plus en plus.

Périclès s'était acquis beaucoup de réputation par la sagesse avec laquelle il formait ses entreprises. Les troupes avaient une pleine confiance en lui, et le suivaient avec une entière assurance. Sa grande maxime dans la guerre était de ne point hasarder un combat sans être presque assuré du succès, et de ménager le sang des citoyens. Il avait coutume de dire que, s'il ne tenait qu'à lui, ils seraient immortels : que les arbres coupés et abattus revenaient en peu de temps, mais que les hommes morts étaient perdus pour toujours. Une victoire qui n'aurait été l'effet que d'une heureuse témérité lui paraissait peu digne de louange, quoique souvent elle fût fort admirée.

Son expédition dans la Chersonèse de Thrace lui fit beaucoup d'honneur, et fut très salutaire à tous les Grecs de ce pays-là : car non-seulement il fortifia les villes grecques de cette presqu'île par les colonies d'Athéniens qu'il y mena, mais il ferma encore l'isthme par une bonne muraille avec des forts de distance en distance, depuis une mer jusqu'à l'autre, mettant par là tout le pays à couvert des incursions continuelles des Thraces, qui en étaient fort voisins.

Il fit aussi une course autour du Péloponèse avec cent vaisseaux, et porta partout la terreur des armes athéniennes, sans qu'aucun accident fâcheux en interrompît l'heureux succès.

Il pénétra jusqu'au royaume de Pont avec une flotte très nombreuse et très magnifiquement équipée, et accorda aux villes grecques toutes les graces qu'elles lui demandèrent. En même temps il étala aux yeux des nations barbares qui habitaient aux environs, de leurs rois et de leurs princes, la grandeur de la puissance des Athéniens, et leur fit voir, par l'assurance avec laquelle il naviguait partout, qu'ils étaient en possession de l'empire de la mer sans concurrens.

Une fortune si brillante et si constante éblouit les Athéniens. Enivrés de l'idée de leur puissance et de leur grandeur, ils ne se repaissaient plus que de hardis et magnifiques projets. Ils parlaient sans cesse de faire de nouvelles tentatives sur l'E-gypte, d'attaquer les provinces maritimes du grand-roi, de porter leurs armes dans la Sicile (fatal et malheureux desir qui pour lors n'eut point de suite, mais qui se ralluma bientôt après), et de pousser leurs conquêtes d'un côté jusqu'à l'Etrurie, et de l'autre jusqu'à Carthage. Périclès était bien éloigné de se prêter à de si folles pensées, ou de les appuyer de son crédit et de son approbation. Il n'était occupé au contraire qu'à arrêter cette ardeur inquiète, et à réfréner une ambition qui ne connaissait plus ni bornes ni mesures. Selon lui, les Athéniens devaient n'employer leurs forces désormais qu'à garder et à assurer ce qu'ils avaient acquis, et il trouvait que c'était beaucoup faire que de réprimer les Lacédémoniens, dont il songeait toujours à abaisser la puissance, ce qui parut particulièrement dans la guerre sacrée.

On appela ainsi la guerre excitée au sujet de Delphes. Les Lacédémoniens, étant entrés en armes dans le pays où est situé ce temple, avaient dépouillé les peuples de la Phocide de l'intendance du temple, et l'avaient donné aux Delphiens. Dès qu'ils se furent retirés, Périclès y alla avec une armée, et rétablit les Phocéens.

Dans le même temps, l'Eubée s'étant révoltée, Périclès fut obligé d'y marcher avec une armée. Il n'y fut pas plus tôt arrivé, qu'il reçut des nouvelles que ceux de Mégare avaient pris les armes, et que les Lacédémoniens, sous la conduite de leur roi Plistonax, étaient sur les frontières de l'Attique. Il fut donc obligé de quitter l'Eubée, et d'aller avec une extrême diligence au secours de sa patrie. Quand l'armée des Lacédémoniens se fut retirée, il retourna contre les rebelles, et remit toutes les villes de l'Eubée sous l'obéissance d'Athènes.

(Av. J.-C. 446.) Au retour de cette expédition, il y eut entre les Athéniens et les Lacédémoniens une trève de trente ans. Ce traité rétablit le calme pour le présent; mais comme il n'allait point jusqu'à la source du mal, et ne guérissait pas la jalousie et l'inimitié des deux peuples, ce calme ne fut pas de longue durée.

§ XIII. (Av. J.-C. 440.) Six ans après, les Athéniens se déclarèrent contre Samos en faveur de Milet. Ces deux villes étaient en dispute au sujet de celle de Priène, que chacune soutenait lui appartenir. On prétend que Périclès alluma cette guerre pour faire plaisir à une célèbre courtisane à laquelle il était fort attaché : elle se nommait Aspasie, et elle était de Milet. Après plusieurs évènemens, après plusieurs combats qui se donnèrent de part et d'autre, Périclès assiégea la ville capitale de l'île de Samos. On dit qu'il se servit alors pour la première fois de machines de guerre, savoir, de béliers et de tortues, inventées par l'ingénieur Artémon, qui était boiteux et qui se faisait porter en chaise à ses batteries, d'où lui vint le surnom de Péri-phorète. L'usage de pareilles machines était connu depuis long-temps en Orient. Au bout de neuf mois les Samiens se rendirent. Périclès rasa leurs murailles, leur ôta leurs vaisseaux, et exigea d'eux pour les frais de la guerre, des sommes immenses, dont ils payèrent une partie comptant ; ils prirent un certain temps pour le reste, et donnèrent des otages pour la sûreté du paiement.

Après la réduction de Samos, Périclès, de retour à Athènes, fit des obsèques magnifiques à ceux qui étaient morts à cette guerre, et prononça lui-même leur oraison funèbre sur leurs tombeaux. Cette coutume se pratiqua régulièrement dans la suite. C'était toujours le sénat de l'Aréopage qui nommait l'orateur dans ces occasions. Il fut encore choisi dix ans après pour une pareille cérémonie au commencement de la guerre du Péloponèse.

(Av. J.-C. 432.) Périclès, qui prévoyait que la rupture entre les deux peuples d'Athènes et de Lacédémone ne tarderait pas long-temps à éclater, conseilla aux Athéniens d'envoyer du secours à ceux de Corcyre attaqués par les Corinthiens, et d'attirer dans leur parti cette ville très puissante sur mer, leur prédisant qu'ils allaient avoir sur les bras les peuples du Péloponèse. Voici ce qui donna lieu à la querelle de Corcyre et de Corinthe, laquelle entraîna après elle la guerre du Péloponèse, qui est un des

évènemens les plus considérables de l'histoire des Grecs.

Epidamne, ville maritime de Macédoine chez les Taulantiens, était une
colonie de Corcyréens, dont Phalie de
Corinthe fut le fondateur. Cette ville étant
devenue avec le temps fort peuplée et fort
puissante, la discorde s'y mit, et le peuple en chassa les plus riches habitans, qui
se joignirent aux nations voisines, et
l'infestèrent beaucoup par leurs courses.
Dans cette extrémité, elle eut recours
d'abord aux Corcyréens, et, à leur refus,
aux Corinthiens, qui la prirent sous leur
protection, y envoyèrent du secours, et
y établirent de nouveaux habitans. Ils n'y
furent pas long-temps en repos. Les Corcyréens, avec une flotte nombreuse, vinrent y mettre le siège. Ceux de Corinthe
accoururent pour la secourir; mais ayant
été battus sur mer, et ayant reçu un
échec considérable, la ville se rendit le
jour même, à condition que les étrangers seraient esclaves, et les Corinthiens
prisonniers jusqu'à nouvel ordre. Les Corcyréens dressèrent un trophée, égorgèrent
leurs prisonniers, à la réserve des Corin-

thiens, et firent un grand dégât dans tout le pays.

L'année d'après la bataille, les Corinthiens mirent sur pied une nouvelle armée plus nombreuse que la première, et équipèrent une nouvelle flotte. Ceux de Corcyre, qui se voyaient hors d'état de résister seuls à des ennemis si puissans, envoyèrent rechercher l'alliance d'Athènes. Le traité de paix conclu entre les peuples de la Grèce laissait aux villes grecques, qui n'avaient point pris de parti, la liberté de prendre celui qui leur plairait. C'était l'état où se trouvait pour lors Corcyre, qui avait cru ne devoir se ranger d'aucun côté, et était demeurée jusque-là sans alliés. Elle envoya donc à ce sujet à Athènes. Les Corinthiens, l'ayant appris, y députèrent aussi de leur côté. L'affaire fut discutée avec chaleur en présence du peuple, qui écouta les raisons de part et d'autre, et elle fut mise en délibération par deux fois dans l'assemblée. Les Athéniens opinèrent la première fois en faveur de ceux de Corinthe ; mais changeant d'avis à la seconde, sans doute sur les remontrances de Périclès, ils reçurent les Corcyréens dans leur alliance. Elle n'alla pas pourtant jusqu'à faire ligue offensive et défensive, car ils ne pouvaient faire la guerre aux Corinthiens sans rompre avec tout le Péloponèse; mais à se secourir réciproquement, si on les attaquait, soit en leurs personnes ou en celles de leurs alliés. Leur véritable dessein était de mettre aux mains ces deux peuples très-puissans sur mer, et de les laisser affaiblir l'un par l'autre dans une longue guerre, pour triompher ensuite du plus faible; car il n'y avait dans la Grèce alors que trois états qui eussent de puissantes flottes, Athènes, Corinthe et Corcyre. Ils avaient aussi en vue les affaires d'Italie et de Sicile, à quoi l'île de Corcyre était fort commode.

Sur ce plan, ils reçurent les Corcyréens dans leur alliance, et leur envoyèrent dix galères, avec ordre de ne point combattre contre les Corinthiens, s'ils n'attaquaient l'île de Corcyre, ou quelqu'autre place de leurs alliés : ce qu'ils ajoutaient pour ne point rompre la trève.

Il était difficile de s'en tenir à ces termes. La bataille se donna entre les Corcyréens

16.

et les Corinthiens vers l'île de Sibote, vis-à-vis de Corcyre : c'est une des plus considérables qui se soient données entre les Grecs pour le nombre des vaisseaux. L'avantage fut à peu près égal de part et d'autre. Vers la fin du combat, lorsqu'il faisait déja nuit, arrivèrent vingt galères athéniennes. Avec ce nouveau renfort, les Corcyréens firent voile le lendemain dès la pointe du jour vers le port de Sibote, où les Corinthiens s'étaient retirés pour voir s'ils voudraient tenter encore une fois la fortune. Mais ceux-ci se contentèrent de sortir en bataille sans en venir aux mains. Les deux partis dressèrent un trophée dans l'île de Sibote ; car chacune s'attribuait la victoire.

De cette guerre en naquit une autre, qui donna lieu à la rupture ouverte entre les Athéniens et les Corinthiens, et ensuite à la guerre du Péloponèse. Potidée, ville de Macédoine, était une colonie de Corinthe, qui y envoyait tous les ans des magistrats ; mais elle dépendait pour lors d'Athènes, et lui payait contribution. Les Athéniens, dans la crainte que cette ville ne vînt à se révolter, et n'entraînât dans sa révolte le reste de leurs alliés de la Thrace, ordonnèrent aux habitans de démolir leurs murailles du côté de la Palène, de leur mettre en main des otages pour être garans de leur fidélité, et de renvoyer les magistats que Corinthe leur avait donnés. Des demandes si injustes avancèrent la révolte. Potidée se déclara contre les Athéniens, et plusieurs villes voisines suivirent son exemple. Athènes et Corinthe armèrent chacune de leur côté, et y envoyèrent des troupes. Il y eut une action entre les deux armées près de Potidée. Celle des Athéniens remporta l'avantage. Alcibiade, encore tout jeune, et Socrate, son maître, s'y distinguèrent d'une manière paticulière. C'est une chose assez curieuse de voir un philosophe endosser la cuirasse, et d'examiner comment il se tire d'un combat. Il n'y avait personne dans toute l'armée qui portât les travaux et soutint les fatigues de la guerre comme Socrate. La faim, la soif, le froid, étaient des ennemis qu'il s'était accoutumé de longue main à mépriser et à vaincre sans peine. La Thrace, où se passait cette expédition, est un pays de glace et de fri-

mas. Pendant que les autres soldats, revê-
tus de bons habits de peaux très chaudes ,
se tenaient dans leurs tentes bien clos et
couverts, n'osant paraître à l'air, il sortait
sans être plus vêtu qu'à l'ordinaire , et
machait pieds nus. C'était lui qui faisait
la joie de la table par sa gaîté et par ses
bons mots, et qui invitait les autres à
boire par son exemple , mais sans prendre
jamais de vin avec excès. Quand on en
vint à l'action , ce fut là qu'il fit merveilleusement son devoir. Alcibiade ayant été
blessé et porté par terre, Socrate se mit
au-devant de lui , le défendit courageu-
sement , et , à la vue de toute l'armée, il
empêcha les ennemis de le prendre et de se
rendre maîtres de ses armes. Le prix de
la valeur était donc dû justement à Socrate ; mais les généraux paraissant disposés à le donner à Alcibiade , à cause de
sa naissance, Socrate , qui ne cherchait
qu'à allumer encore davantage en lui le dé-
sir de la vraie gloire, contribua plus que
tout autre, par le témoignage avantageux
qu'il rendit à son courage , à lui faire
adjuger la couronne et l'armure complète ;
qui était le prix d'honneur.

L'échec qu'avaient reçu les Corinthiens dans le combat ne fit point changer de sentiment à ceux de Potidée. Ils persistèrent constamment à refuser d'obéir aux ordres qu'on leur avait donnés. La ville fut donc assiégée. Les Corinthiens, craignant de perdre une place de cette conséquence, sollicitèrent fortement leurs alliés, et tous députèrent conjointement à Lacédémone pour se plaindre des Athéniens comme infracteurs de la paix. Les Lacédémoniens leur donnèrent audience dans une de leurs assemblées ordinaires. Les Éginètes, quoique très mécontens d'Athènes, n'osèrent y envoyer publiquement, de peur d'irriter une république sous la puissance de laquelle ils étaient; mais sous main ils agirent comme les autres. Ceux de Mégare se plaignirent amèrement de ce que, contre le droit des gens, et au préjudice de l'accord fait entre les Grecs, les Athéniens, par un décret public, leur avait interdit l'entrée de leurs foires et de leurs marchés, et fermé tous les ports qui étaient de leur dépendance. Par ce décret, selon Plutarque.*, les Athéniens déclaraient à Mégare

* Plutarque dit que quelques-uns prétendaient

une haine immortelle et irréconciliable, et ordonnaient que tous les Mégariens, qui mettraient le pied dans Athènes, seraient punis de mort, et que tous les généraux athéniens, en prêtant le serment solennel, jureraient expressément qu'ils enverraient tous les ans ravager deux fois le territoire de cette ville ennemie.

Les principales plaintes furent de la part du député des Corinthiens. Il parla avec une grande force et une grande liberté. Il représenta aux Lacédémoniens que la bonne foi dont ils ne se départaient jamais dans les affaires, soit publiques, soit particulières, les rendait plus difficiles à croire la mauvaise foi des autres, et que leur modération les empêchait de découvrir l'ambition de leurs ennemis : qu'au

que c'était Périclès qui avait fait donner ce décret pour venger l'injure particulière d'Aspasie, de chez qui les Mégariens avaient enlevé deux courtisanes ; et il cite les vers d'Aristophane, qui, dans une comédie intitulée *les Acharnanses*, fait ce reproche à Périclès. Mais Thucydide, auteur contemporain, et qui était bien informé de ce qui se passait à Athènes, ne dit pas un mot de cet enlèvement ; et il est plus digne de foi qu'un poète qui faisait profession de médisance et de satire.

lieu d'aller, par une prompte activité, au devant des maux et des dangers, ils attendaient, pour y remédier, qu'ils en fussent accablés : que par leur nonchalance et leur inaction, ils avaient laissé croître insensiblement les Athéniens, et parvenir à ce point de grandeur et de puissance où on les voyait : qu'il n'en était pas ainsi des Athéniens. « Actifs, vigilans, attentifs à « tout, infatigables, ils ne demeurent jamais en repos, et n'y laissent point les « autres. Uniquement occupés de leurs « projets, et ils n'en forment que de grands « et de hardis, ils délibèrent prompte- « ment, et exécutent de même. Une pre- « mière entreprise leur sert de degré pour « une seconde. Bons et mauvais succès, ils « mettent tout à profit, ne s'arrêtant et ne « se rebutant jamais. Mais vous, ayant en « tête de tels ennemis, vous vous endormez « dans une funeste tranquillité; et vous ne « songez pas que, pour vivre en repos, ce « n'est pas assez de ne faire tort à personne, « qu'il faut empêcher qu'on ne nous en « fassse; et que la justice ne consiste pas « seulement à ne point faire de mal, mais « aussi à venger celui qu'on nous fait. Ose-

« rai-je le dire? votre probité est trop à
« l'antique pour les conjonctures où nous
« nous trouvons. Il faut dans la politique,
« comme dans tout le reste, se conformer
« aux temps et aux besoins. Quand on est
« dans la tranquillité, on peut garder ses
« anciennes maximes ; mais quand on a
« plusieurs affaires sur les bras, il faut ten-
« ter de nouveaux moyens, et tout mettre
« en œuvre pour s'en tirer. C'est par là que
« les Athéniens ont si fort accru leur puis-
« sance. Si vous aviez imité leur activité,
« ils ne nous auraient pas enlevé Corcyre,
« et n'assiégeraient pas actuellement Po-
« tidée. Suivez au moins à présent leur
« exemple, en secourant les Potidéens et
« vos autres alliés, comme votre devoir
« vous y oblige ; et ne forcez pas vos
« amis et vos voisins, en les abandonnant,
« à recourir par désespoir à d'autres qu'à
« vous. »

L'ambassadeur d'Athènes, qui était venu
à Sparte pour d'autres affaires, et qui
était entré dans l'assemblée, ne crut pas
devoir laisser ce discours sans réponse.
Il fit souvenir les Lacédémoniens des services encore récens que sa république avait

rendus à la Grèce, qui méritaient bien
qu'on eût pour elle quelque considération,
et non qu'on lui portât envie, et qu'on
cherchât à la rabaisser : qu'on ne pouvait
pas accuser les Athéniens d'avoir usurpé
l'empire sur la Grèce, puisque ce n'était
qu'à la prière des alliés, et en quelque
sorte du consentement de Sparte, qu'ils
avaient été contraints de prendre le timon
abandonné : que ceux qui se plaignaient
le faisaient sans sujet, et seulement par la
difficulté qu'ont tous les hommes de souffrir la dépendance et l'assujétissement,
même le plus doux et le plus équitable :
qu'il les exhortait à prendre du temps pour
délibérer avant que de rompre, et de ne
pas s'engager légèrement eux et toute la
Grèce dans une guerre qui pouvait avoir
de terribles suites : qu'il y avait des voies
de douceur et d'accommodement pour vi-
der les différends qui surviennent entre des
alliés, sans se porter tout d'un coup à une
violence ouverte : qu'au reste les Athéniens, si on les attaquait, sauraient bien
opposer la force à la force, et qu'ils se pré-
pareraient à une vigoureuse défense, après
avoir invoqué contre Sparte les dieux ven-

geurs du parjure et du violement des traités.

Les députés s'étant retirés, et l'affaire ayant été mise en délibération, le plus grand nombre des voix allait à déclarer la guerre. Avant que la conclusiou fût formée, Archidamus, roi de Sparte, se mettant au-dessus des passions qui entraînaient les autres, et portant ses vues dans l'avenir, prit la parole, exposa les suites funestes de la guerre où l'on était près de s'engager, montra quelles étaient les forces et les ressources des Athéniens, exhorta à tenter d'abord les voies de douceur dont eux-mêmes semblaient faire l'ouverture, à travailler cependant aux préparatifs nécessaires pour une entreprise si importante, sans craindre qu'on taxât de timide lâcheté leur modération et leur délai, soupçon dont leurs actions passées les mettaient assez à couvert.

Malgré de si sages remontrances, la guerre fut conclue. Le peuple fit rentrer les alliés, et leur déclara qu'il jugeait que les Athéniens avaient tort; mais qu'il fallait auparavant assembler tous ceux du parti pour faire la paix ou la guerre d'un com-

mun consentement. Ce décret de Lacédémone fut fait la quatorzième année de la
trève, et ne fut pas tant un effet des plaintes des alliés que de la jalousie de la grandeur
des Athéniens, qui avaient déja assujéti une
bonne partie de la Grèce.

On assembla donc une seconde fois les
alliés. Ils donnèrent tous leurs suffrages
par ordre, depuis la plus grande ville jusqu'à la plus petite, et la guerre fut résolue
d'un commun consentement. Mais, comme
on n'avait rien de prêt, on fut d'avis de
travailler promptement aux préparatifs,
et cependant, pour gagner du temps et
paraître garder toutes les formalités, d'envoyer des ambassadeurs à Athènes avec
ordre de se plaindre de l'infraction du
traité.

Les premiers qu'on y envoya, réveil-
lant une ancienne plainte, demandèrent
qu'on chassât d'Athènes les descendans
de ceux qui avaient profané le temple de
Minerve dans l'affaire de Cylon *. Comme

* Ce Cylon s'était emparé de la citadelle d'A—
thènes, il y avait plus de cent ans. Ceux qui l'accompagnaient y étant assiégés, et réduits à une
extrême famine, se réfugièrent dans le temple de

Périclès était de cette famille du côté de sa mère, la vue des Lacédémoniens, dans cette demande, était ou de le faire bannir, ou de diminuer son crédit. Ils ne réussirent pas. Les seconds demandèrent qu'on levât le siège de Potidée; qu'on mît en liberté ceux d'Egine, at surtout qu'on révoquât le décret donné contre ceux de Mégare, sans quoi il ne pouvait y avoir d'accommodement. Enfin il vint une troisième ambassade, qui ne disait rien de tout cela, mais seulement que les Lacédémoniens voulaient la paix, et qu'il ne pouvait y en avoir si les Athéniens ne laissaient la Grèce en liberté.

§ XIV. Périclès s'opposa fortement à toutes ces demandes, et surtout à celle qui regardait les Mégariens. Il avait un grand crédit à Athènes, mais il y avait aussi beaucoup d'ennemis. N'osant pas d'abord l'attaquer dans sa propre personne, ils firent appeler en jugement devant le peuple les personnes qui lui étaient le plus atta-

Minerve comme dans un asile, d'où on les tira, et ils furent égorgés. Les auteurs de ce meurtre furent déclarés coupables d'impiété et de sacrilège, et, comme tels, bannis. Quelque temps après on les rappela.

chées, Phidias, Aspasie, Anaxagore; et leur desseins étaient de pressentir par-là les dispositions du peuple à l'égard de Périclès même.

On accusait Phidias d'avoir volé des sommes considérables dans la construction de la statue de Minerve, qui était son bel ouvrage. La poursuite de cette affaire ayant été faite juridiquement dans l'assemblée, on n'y produisit aucune preuve des prétendus vols de Phidias. Car, dès le commencement, par le conseil de Périclès, il avait employé l'or de la statue de manière qu'on pouvait l'oter entièrement, et le peser; ce que Périclès ordonna aux accusateurs de faire devant tout le monde. Mais Phidias avait contre lui des témoins dont il ne pouvait contester la vérité, ni étouffer la voix : c'étaient la beauté et la réputation de ses ouvrages, causes toujours subsistantes de l'envie qu'on lui portait. Surtout on ne lui pardonnait point de ce que dans la bataille des Amazones, gravée sur le bouclier de la déesse, il s'y était présenté lui-même au naturel, aussi bien que Périclès : et, par un art imperceptible, il avait tellement lié et incorporé ces figures avec tout l'ouvrage, qu'il était impossible de les en ôter sans défigurer et mettre en pièces la statue entière. Phidias fut donc traîné en prison, où il mourut, soit de maladie, soit de poison. D'autres auteurs disent qu'il fut seulement exilé, et que depuis ce temps-là il fit la célèbre statue de Jupiter qui était à Olympie. Il n'est pas possible d'excuser, en aucune sorte, ni l'ingratitude des Athéniens, de payer ainsi par la prison ou par la mort le chef-d'œuvre de l'art; ni leur délicatesse outrée, de prendre au criminel et de punir comme une faute capitale une action qui paraît innocente en elle-même, ou qui n'est tout au plus qu'une vanité bien pardonnable dans un ouvrier.

Aspasie, née à Milet en Asie, s'était établie à Athènes, et s'y était fait un grand crédit, moins par les attraits de sa beauté que par la vivacité et la solidité de son esprit, et par l'étendue de ses connaissances. Tout ce qu'il y avait de plus illustres citoyens dans la ville tenait à l'honneur de fréquenter sa maison. Socrate lui-même s'y rendait fort assidument, et il ne rougit point de se donner pour son disciple, et d'avouer que c'était d'elle qu'il avait appris la rhétorique. Périclès prétendait aussi lui être redevable du talent de la parole, qui le distinguait si fort à Athènes, et s'être formé dans ses conversations aux principes de la politique ; car elle avait une grande connaissance des règles du gouvernement. D'autres raisons encore plus fortes avaient formé leur liaison. Périclès n'aimait point sa femme ; il la céda de bon cœur à un autre, et prit à sa place Aspasie, qu'il aima passionnément, quoiqu'elle fût d'une réputation plus que douteuse. Elle fut accusée d'impiété et de mauvaise conduite. Péri clès ne la sauva qu'à peine par ses prières, et par la compassion qu'il fit aux juges en versant pendant qu'on plaidait sa cause, beaucoup de larmes, peu honorables à son caractère et au rang de chef du plus puissant état de la Grèce.

On avait fait un décret par lequel il était ordonné qu'on dénoncerait * tous

* Anaxagore, enseignant que l'intelligence divine donnait seule un mouvement réglé à toutes les parties de la nature, et présidait au gouvernement de l'univers, détruisait par ce système la plu-

ceux qui n'admettaient point ce qu'on attribuait au ministère des dieux, ou qui tenaient école et donnaient des leçons sur ce qui se passe dans les airs et dans le mouvement des cieux, matières qu'on regardait comme injurieuses à la religion établie. Le but de ce décret était de faire tomber le soupçon sur Périclès, à cause d'Anaxagore son maître. Ce philosophe enseignait qu'une seule intelligence avait débrouillé le chaos, et rangé le monde dans le bel ordre où nous le voyons : ce qui n'était autre chose que décréditer les dieux du paganisme. Périclès, désespérant de le pouvoir sauver, le fit sortir de la ville, et le mit en sûreté.

Quand les ennemis de Périclès virent que le peuple approuvait et recevait avec plaisir toutes ces dénonciations, ils l'accusèrent lui-même en personne, comme s'il avait volé le public pendant son gouvernement. On fit un décret par lequel il était porté que Périclès rendrait au plus tôt ses comptes, que l'affaire serait jugée par quinze cents juges, et que l'action se-

ralité des dieux, leur pouvoir, et toutes les fonc-tions particulières qui leur étaient assignées.

rait appelée de rapine et de concussion. Il n'avait rien à craindre dans le fond, parce que, dans le maniement des affaires publiques, sa conduite avait toujours été irreprochable, surtout du côté de l'intérêt ; mais la mauvaise volonté du peuple, dont il connaissait la légèreté et l'inconstance, ne laissait pas de l'inquiéter. Un jour qu'Alcibiade, encore très jeune alors, alla à son logis pour le voir, on lui dit qu'il ne pouvait pas lui parler, parce qu'il était actuellement occupé à de grandes affaires. S'étant informé quelles étaient donc ces affaires si importantes, on lui répondit que Périclès songeait à rendre ses comptes. « Il devrait bien plutôt, repartit le jeune homme, songer à ne les rendre pas. » En effet, c'est à quoi Périclès se détermina. Pour conjurer l'orage, il prit le parti de ne plus s'opposer au penchant qu'avait le peuple pour la guerre du Péloponèse, qui depuis long-temps se préparait, persuadé que par-là les plaintes qu'on faisait se dissiperaient bientôt, que l'envie céderait à un motif plus fort, et que, dans un danger si pressant, la ville ne manquerait jamais de se jeter entre ses bras, et de sabandonner à sa conduite, à cause de sa puissance et de sa grande réputation.

C'est ce qu'ont rapporté quelques historiens ; et les poètes comiques du vivant et sous les yeux de Périclès même, ne manquèrent pas de répandre ce bruit dans le public, pour donner atteinte, s'ils pouvaient, à sa réputation et à son mérite, qui lui attiraient beaucoup d'envieux et d'ennemis. Plutarque, à ce sujet, fait une réflexion qui pourrait être d'un grand usage, non-seulement pour ceux qui sont chargés du gouvernement, mais pour toutes sortes de personnes et pour le commerce ordinaire de la vie. Il trouve étrange, lorsque les actions sont bonnes en elles-mêmes, et n'ont rien que de louable au-dehors, que, pour décrier les grands hommes, on aille fouiller dans leur cœur, et que, par une lâche et noire malignité, on leur prête des vues et des intentions qu'ils n'ont peut-être jamais eues. Il souhaiterait au contraire, quand le motif est obscur, et qu'une même action peut avoir deux faces, qu'on la regardât toujours du bon côté, et qu'on penchât à en juger favorablement. Il applique ce principe aux bruits qu'on avait répandus sur Périclès, comme s'il n'eût allumé la guerre du Péloponèse que par des vues particulières et intéressées; au lieu que toute sa conduite passée devait faire juger que c'était par des raisons d'état et pour le bien public qu'il s'était enfin rendu à un sentiment auquel jusque là il avait cru devoir s'opposer.

Pendant que cette affaire était en mouvement à Athènes, les Lacédémoniens firent faire coup sur coup à Athènes, par plusieurs ambassades, les diverses demandes dont il a été parlé. L'affaire fut donc mise en délibération dans l'assemblée du peuple; et il y fut résolu qu'on opinerait conjointement sur tous les chefs avant que de donner une réponse positive. Les avis furent partagés, comme c'est l'ordinaire; et quelques-uns conclurent à abolir le décret fait contre Mégare, qui paraissait le principal obstacle à la paix.

Périclès parla en cette occasion avec une éloquence que la vue du bien public et de l'honneur de sa patrie rendit plus véhémente encore et plus triomphante qu'elle ne l'avait paru. Il fit voir d'abord que le décret de Mégare, sur lequel on insistait le plus, n'était pas une chose aussi indifférente qu'on se l'imaginait; que la demande des Lacédémoniens à cet égard n'était qu'une tentative pour sonder la disposition des Athéniens, et connaître si on pouvait les entamer en les intimidant; que de reculer dans cette occasion c'était montrer de la crainte et avouer sa faiblesse; qu'il ne s'agissait de rien moins que de céder aux Lacédémoniens l'empire dont les Athéniens s'étaient mis en possession depuis plusieurs années par leur courage et leur fermeté; que, si on se relâchait sur ce point, on leur imposerait aussitôt de nouvelles lois, comme à des gens qui ont peur; au lieu qu'en résistant vigoureusement, on serait contraint de les traiter au moins comme égaux : que, sur les contestations présentes, on pouvait prendre des arbitres pour les terminer à l'amiable; mais qu'il ne convenait point aux Lacédémoniens d'ordonner à Athènes, d'un ton de maîtres, qu'elle eût à quitter Potidée, à affranchir Égine, à révoquer le décret de Mégare; que cette conduite impérieuse était directement contraire au traité, qui portait, en termes formels, que *s'il arrivait quelque différend entre les alliés, on le viderait par des voies pacifiques*, SANS SE DESSAISIR DE CE QU'ON POSSÉDAIT; qu'au reste, le moyen le plus sûr de n'être pas toujours en peine de contester ce qu'on possède, c'est de prendre les armes en main, et de disputer ses droits à la pointe de l'épée; que les Athéniens avaient de ce côté-là tout lieu d'espérer gain de cause; et pour leur en donner une plus vive idée, il fit une description magnifique de l'état présent des affaires d'Athènes, marquant en détail jusqu'où montaient ses fonds, ses revenus, ses flottes, ses troupes de terre et de mer, et celles de ses alliés, et comparant tout cela à la pauvreté de Lacédémone, destituée absolument de finances, qui sont pourtant le nerf de la guerre, et extrêmement faible du côté de la de la marine, qui en fait le principal succès. En effet, il se trouvait dans le trésor public, qu'on avait transporté de Délos à Athènes, neuf mille six cents talens, qui font près de vingt-huit millions. Les contributions des alliés, pour chaque année, étaient de quatre cent soixante talens, c'est-à-dire près de quatorze cent mille livres.

En cas de nécesité, on pouvait trouver des ressources infinies dans les ornemens des temples, puisque ceux de la statue seule de Minerve montaient à cinquante talens d'or, c'est-à-dire à quinze cent mille francs, que l'on pouvait ôter de la statue sans la détruire, et les remettre ensuite dans de meilleurs temps. Pour les troupes de terre, elles montaient à peu près à trente mille hommes, et la flotte à trois cents galères. Il les avertit surtout de ne point hasarder de combat dans leur pays contre les Péloponésiens, qui avaient plus de troupes qu'eux ; de ne compter pour rien le ravage de leurs terres, qui pouvaient aisément se réparer, mais de compter pour tout la perte des hommes, qui était irréparable; de faire consister toute leur politique à garder leur ville, et à se conserver l'empire de la mer, qui tôt ou tard les rendrait maîtres de leurs ennemis. Il régla le plan de la guerre, non pour une seule campagne, mais pour tout le temps qu'elle durerait, leur faisant entrevoir les maux qu'ils avaient à craindre s'ils s'écartaient de ce système. Périclès, après avoir ajouté d'autres considérations, tirées du caractère et du gou-

vernement intérieurs des deux républiques ,
l'une incertaine et flottante dans ses délibérations , plus lente encore dans l'exécution, parce qu'elle est assujétie à attendre
le consentement des alliés ; l'autre, prompte,
décidée, indépendante , et maîtresse des
résolutions , ce qui n'est pas indifférent
pour le succès des entreprises : Périclès ,
dis-je, termina son discours, et forma son
avis : « Il ne reste plus, dit-il , que de ren-
« voyer les ambassadeurs, et de leur répon-
« dre que nous permettons le commerce
« d'Athènes à ceux de Mégare, pourvu
« que les Lacédémoniens n'interdisent le
« leur ni à nous, ni à nos alliés. Pour les
« villes de la Grèce, nous laisserons libres
« celles qui l'étaient lors de notre accord,
« à condition qu'ils en feront autant à l'é-
« gard de celles qui sont dans leur dépen-
« dance. Nous ne refusons point de nous en
« rapporter à des arbitres pour tout ce qui
« fait le sujet de nos disputes, et nous ne
« commencerons point les premiers la
« guerre, mais nous nous défendrons for-
« tement si l'on nous attaque. »

On répondit aux ambassadeurs suivant
l'avis de Périclès. Ils s'en retournèrent , et

ne revinrent plus depuis. Bientôt après commença la guerre du Péloponèse.

CHAPITRE II.

AFFAIRES DES GRECS, TANT EN SICILE QU'EN ITALIE.

Comme la guerre du Péloponése est un grand évènement qui occupera un temps considérable, avant que d'y entrer, je crois devoir exposer en peu de mots ce qui s'était passé de plus important, jusqu'au temps où nous sommes, dans la grande Grèce, soit en Sicile, soit en Italie.

§ I. 1. GELON. [Av. J.-C. 484.] Nous avons vu que Xerxès, qui ne se proposait rien moins que d'exterminer entièrement les Grecs, avait engagé les Carthaginois à porter la guerre contre ceux qui habitaient dans la Sicile. Ils y passèrent avec une armée de terre de plus de trois cent mille hommes, et une flotte composée de de deux mille vaisseaux, et de plus de trois mille petits bâtimens de charge. Amilcar, le plus habile capitaine qui fût

alors à Carthage, fut chargé de cette expédition. Le succès ne répondit pas à un
si formidable appareil. L'armée des Carthaginois fut entièrement défaite par Gélon,
qui avait alors la principale autorité dans
Syracuse.

Ce Gélon était d'une ville de Sicile située sur la côte méridionale, entre Agrigente et Camarine, appelée Géla, d'où
peut-être il tira son nom. Il s'était fort
distingué dans les guerres qu'Hippocrate,
tyran de Géla, eut à soutenir contre ses
voisins, qu'il subjugua presque tous, et
peu s'en fallut qu'il ne se rendît maître
de Syracuse. Après la mort d'Hippocrate,
Gélon, sous prétexte de défendre les intérêts et les droits des enfans du tyran,
prit les armes contre ses propres citoyens,
et, les ayant vaincus dans un combat,
s'empara de l'autorité pour lui-même.
Quelque temps après il se rendit maître
aussi de Syracuse, par le moyen de quelques bannis qu'il y avait fait rentrer, et
qui engagèrent la populace à lui en ouvrir
les portes. Pour lors il abandonna Géla à
son frère Hiéron, s'appliqua à étendre les
limites de l'empire de Syracuse, et se

18.

rendit très puissant en fort peu de temps. On en peut juger par les troupes considérables qu'il offrit aux ambassadeurs des Grecs, qui venaient implorer son secours contre le roi des Perses, et par la demande qu'il fit d'être déclaré le généralissime de leur armée, ce qu'on n'eut garde de lui accorder. La crainte où il était pour lors de se voir bientôt attaqué par les Carthaginois l'empêcha surtout de donner du secours aux Grecs. Il agit au reste en rusé politique, et quand il sut que Xerxès avait passé l'Hellespont, il envoya un homme affidé avec de grands présens, et lui donna ordre d'observer quel serait le succès du premier combat; et, en cas qu'il fût favorable à Xerxès, de lui faire les soumissions de sa part, sinon de rapporter son argent. Il faut revenir aux Carthaginois.

Ils étaient venus en Sicile sur les vives sollicitations de Térillus, autrefois tyran d'Himère, mais dépouillé par Théron, autre tyran qui régnait à Agrigente. Ce dernier était d'une des plus illustres familles de toute la Grèce, descendant en droite ligne de Cadmus. Il s'allia avec la maison qui régnait alors à Syracuse, et qui était composée de quatre frères, Gélon, Hiéron, Polyzèle et Thrasybule. Il maria sa fille au premier, et il épousa la fille du troisième.

Amilcar, ayant débarqué à Panorme, commença par mettre le siège devant Himère. Gélon accourut au secours de son beau-père avec une armée nombreuse ; et tous deux ensemble défirent les Carthaginois. Cette victoire est peut-être la plus complète qui ait jamais été remportée.

Le combat se donna le jour même de l'action des Thermopyles *. J'en ai rapporté les circonstances dans l'histoire des Carthaginois. Il est remarquable qu'entre les conditions de paix que Gélon imposa aux vaincus, une des principales fut qu'ils cesseraient d'immoler leurs enfans au dieu Saturne : ce qui marque en même temps

* Hérodote dit que cette bataille fut donnée le même jour que celle de Salamine ; ce qui paraît moins vraisemblable : car les Grecs, instruits du succès de Gélon, le prièrent de venir à leur secours contre Xerxès, ce qu'ils n'auraient pas fait après la bataille de Salamine, qui leur enfla tellement le courage, que depuis ce temps-là ils se crurent assez forts pour résister à leurs ennemis et finir cette guerre à leur avantage sans le secours d'autrui.

et la cruauté des Carthaginois, et la piété de Gélon.

Les dépouilles furent immenses, et montaient à un prix infini. Gélon en destina la plus grande partie pour orner les temples de Syracuse. Le nombre des prisonniers fut aussi incroyable. Il en fit le partage avec une grande équité entre tous les alliés, qui les employèrent à cultiver leurs terres, et à construire de magnifiques édifices, tant pour la décoration que pour l'utilité des villes, en prenant la précaution de leur mettre des fers aux pieds. Plusieurs citoyens d'Agrigente en avaient chacun jusqu'à cinq cents.

FIN DU HUITIÈME VOLUME.

TABLE DES MATIÈRES

CONTENUES

DANS LE TOME HUITIÈME.

FIN DE LA TABLE DU HUITIÈME VOLUME.